Marceline Desbordes-Valmore

1786 – 1859

Poésies inédites

ISBN : 978-2-37884-446-2
Éditions Ararauna, 34400 Lunel, France
Dépôt légal : Octobre 2020

TABLE DES MATIÈRES

Amour

Une lettre de femme .... *p. 13*

Jour d'Orient .... *p. 14*

Allez en paix .... *p. 15*

Les cloches et les larmes .... *p. 16*

Un cri .... *p. 17*

La feuille volée .... *p. 19*

Simple oracle .... *p. 21*

Les éclairs .... *p. 22*

Les roses de Saadi .... *p. 23*

La jeune fille et le ramier .... *p. 24*

L'entrevue au ruisseau .... *p. 25*

L'image dans l'eau .... *p. 26*

L'eau douce .... *p. 27*

La voix d'un ami .... *p. 29*

L'ami d'enfance .... *p. 30*

Trop tard .... *p. 32*

Dernière entrevue .... *p. 33*

L'esclave et l'oiseau .... *p. 35*

Dans l'été .... *p. 36*

L'enfant triste .... *p. 37*

Fierté, pardonne-moi ! .... *p. 38*

Le secret perdu .... *p. 39*

Au livre de Léopardi .... *p. 40*

Simple histoire .... *p. 41*

La jeune comédienne à Fontenay-les-Roses .... *p. 43*

Crois-moi .... *p. 46*

Pourquoi ? .... *p. 47*

Cigale .... *p. 48*

Amour, divin rôdeur, etc. .... *p. 49*

Famille

Le nid solitaire .... *p. 53*

Soir d'été .... *p. 54*

Loin du monde .... *p. 55*

La fileuse et l'enfant .... *p. 56*

Un ruisseau de la Scarpe .... *p. 59*

Une ruelle de Flandre .... *p. 62*

À Rouen, rue Ancrière .... *p. 65*

Le puits de Notre Dame à Douai .... *p. 66*

La rose flamande .... *p. 68*

L'innocence .... *p. 69*

Laisse-nous pleurer .... *p. 71*

À ma sœur Cécile .... *p. 73*

À mon fils avant le collège .... *p. 74*

À mon fils après l'avoir conduit au collège .... *p. 76*

Rêve intermittent d'une nuit triste .... *p. 79*

Ondine à l'école .... *p. 83*

Elle allait s'embarquer encore .... *p. 85*

La mère qui pleure .... *p. 86*

À une mère qui pleure aussi .... *p. 88*

L'âme errante .... *p. 89*

Deux mères .... *p. 90*

La fiancée du veuf .... *p. 93*

Inès .... *p. 94*

La voix perdue .... *p. 95*

Foi

Tristesse .... *p. 101*

Refuge .... *p. 102*

Retour dans une église .... *p. 103*

Quand je pense à ma mère .... *p. 105*

Les sanglots .... *p. 107*

Une nuit de mon âme .... *p. 111*

Les prisons et les prières .... *p. 114*

Au citoyen Raspail .... *p. 115*

La couronne effeuillée .... *p. 116*

Renoncement .... *p. 117*

Que mon nom... .... *p. 118*

Enfants et jeunes filles

Pour endormir l'enfant .... *p. 121*
Selon Dieu .... *p. 123*
Aux nouveaux-nés heureux .... *p. 125*
Aux nouveaux-nés partis .... *p. 126*
Le petit mécontent .... *p. 127*
Le petit brutal .... *p. 130*
Le nuage et l'enfant .... *p. 132*
Ouvrez aux enfants .... *p. 134*
La prière des orphelins .... *p. 135*
À M. Dubois .... *p. 137*
La grande petite fille .... *p. 138*
L'enfant au miroir .... *p. 140*
La jeune pensionnaire .... *p. 142*
La petite pleureuse, à sa mère .... *p. 144*
L'oiseau .... *p. 145*
Les danses de Lormont .... *p. 147*
La danse de nuit .... *p. 149*
Le faneur et l'enfant .... *p. 151*
Le chien et l'enfant .... *p. 154*
Rencontre d'une chèvre et d'une brebis .... *p. 155*
Les promeneurs .... *p. 157*

Poésies diverses

À M. Bouilly .... *p. 161*

À Madame*** .... *p. 162*

À Mademoiselle Mars .... *p. 163*

Le soleil lointain .... *p. 164*

Madame Émile de Girardin .... *p. 166*

La rose effeuillée .... *p. 168*

Madame Henriette Favier .... *p. 169*

À ma sœur Cécile .... *p. 170*

À Madame de Tav..., devenue aveugle .... *p. 171*

À Georges P. .... *p. 172*

Les fleurs de Jean Paul .... *p. 173*

À Mademoiselle Isaure Partarrieu .... *p. 174*

L'amie .... *p. 175*

L'aumône .... *p. 176*

Invitation à la valse .... *p. 177*

L'ange et la coquette .... *p. 178*

Le voisin blessé .... *p. 180*

Où vas-tu ? .... *p. 181*

Les deux marinières (I) .... *p. 182*

Laly Galine seule .... *p. 185*

Les deux marinières (II) .... *p. 187*

La fidèle .... *p. 189*

Un déserteur .... *p. 190*

La pauvre fille .... *p. 193*

Fileuse .... *p. 194*

Le rêve à deux .... *p. 195*

Le trèfle à quatre feuilles .... *p. 197*

L'espérance .... *p. 198*

Les oiseaux .... *p. 199*

Prière .... *p. 202*

Le banni .... *p. 205*

Fragment .... *p. 207*

Amour

Une lettre de femme

Les femmes, je le sais, ne doivent pas écrire,
J’écris pourtant,
Afin que dans mon cœur au loin tu puisses lire
Comme en partant.

Je ne tracerai rien qui ne soit dans toi-même
Beaucoup plus beau :
Mais le mot cent fois dit, venant de ce qu’on aime,
Semble nouveau.

Qu’il te porte au bonheur ! Moi, je reste à l’attendre,
Bien que, là bas,
Je sens que je m’en vais, pour voir et pour entendre
Errer tes pas.

Ne te détourne point s’il passe une hirondelle
Par le chemin,
Car je crois que c’est moi qui passerai, fidèle,
Toucher ta main.

Tu t’en vas, tout s’en va ! Tout se met en voyage,
Lumière et fleurs,
Le bel été te suit, me laissant à l’orage,
Lourde de pleurs.

Mais si l’on ne vit plus que d’espoir et d’alarmes,
Cessant de voir,
Partageons pour le mieux : moi, je retiens les larmes,
Garde l’espoir.

Non, je ne voudrais pas, tant je te suis unie,
Te voir souffrir :
Souhaiter la douleur à sa moitié bénie,
C’est se haïr.

Jour d'Orient

Ce fut un jour pareil à ce beau jour
Que, pour tout perdre, incendiait l'amour.

C'était un jour de charité divine
Où dans l'air bleu, l'éternité chemine ;
Où dérobée à son poids étouffant
La terre joue et redevient enfant ;
C'était partout comme un baiser de mère,
Long rêve errant dans une heure éphémère ;
Heure d'oiseaux, de parfums, de soleil,
D'oubli de tout… hors du bien sans pareil.

Nous étions deux !… C'est trop d'un quand on aime
Pour se garder… Hélas ! nous étions deux.
Pas un témoin qui sauve de soi-même !
Jamais au monde on n'eut plus besoin d'eux
Que nous l'avions ! Lui, trop près de mon âme,
Avec son âme éblouissait mes yeux ;
J'étais aveugle à cette double flamme,
Et j'y vis trop, quand je revis les cieux.

Pour me sauver, j'étais trop peu savante ;
Pour l'oublier… je suis encor vivante !

C'était un jour pareil à ce beau jour
Que, pour tout perdre, incendiait l'amour !

Allez en paix

Allez en paix, mon cher tourment,
Vous m'avez assez alarmée,
Assez émue, assez charmée…
Allez au loin, mon cher tourment,
Hélas ! mon invisible aimant !

Votre nom seul suffira bien
Pour me retenir asservie ;
Il est alentour de ma vie
Roulé comme un ardent lien ;
Ce nom vous remplacera bien.

Ah ! je crois que sans le savoir
J'ai fait un malheur sur la terre ;
Et vous, mon juge involontaire,
Vous êtes donc venu me voir
Pour me punir, sans le savoir ?

D'abord ce fut musique et feu,
Rires d'enfants, danses rêvées ;
Puis les larmes sont arrivées
Avec les peurs, les nuits de feu…
Adieu danses, musique et jeu !

Sauvez-vous par le beau chemin
Où plane l'hirondelle heureuse :
C'est la poésie amoureuse :
Pour ne pas la perdre en chemin
De mon cœur ôtez votre main.

Dans votre prière, tout bas,
Le soir, laissez entrer mes larmes ;
Contre vous elles n'ont point d'armes.
Dans vos discours n'en parlez pas !
Devant Dieu pensez-y tout bas.

6 Juin 1857.

Les cloches et les larmes

Sur la terre où sonne l'heure,
Tout pleure, ah ! mon Dieu, tout pleure.

L'orgue sous le sombre arceau,
Le pauvre offrant sa neuvaine,
Le prisonnier dans sa chaîne
Et l'enfant dans son berceau ;

Sur la terre où sonne l'heure,
Tout pleure, ah ! mon Dieu, tout pleure.

La cloche pleure le jour
Qui va mourir sur l'église,
Et cette pleureuse assise,
Qu'a-t-elle à pleurer ?… L'amour.

Sur la terre où sonne l'heure,
Tout pleure, ah ! mon Dieu, tout pleure.

Priant les anges cachés
D'assoupir ses nuits funestes
Voyez, aux sphères célestes,
Ses longs regards attachés.

Sur la terre où sonne l'heure,
Tout pleure, ah ! mon Dieu, tout pleure.

Et le ciel a répondu :
« Terre, ô terre, attendez l'heure !
J'ai dit à tout ce qui pleure,
Que tout lui sera rendu. »

Sonnez, cloches ruisselantes !
Ruisselez, larmes brûlantes !
Cloches qui pleurez le jour !
Beaux yeux qui pleurez l'amour !

KEY THEMES: love and fidelity / loyalty, freedom

Un cri

symbol of freedom

Hirondelle ! hirondelle ! hirondelle !] recurring motif
Est-il au monde un cœur fidèle ?
Ah ! s'il en est un, dis-le-moi,
J'irai le chercher avec toi.

↳ feminine?
↳ a song bird

Sous le soleil ou le nuage,
Guidée à ton vol qui fend l'air,
Je te suivrai dans le voyage
Rapide et haut comme l'éclair.
Hirondelle ! hirondelle ! hirondelle !
Est-il au monde un cœur fidèle ?
Ah ! s'il en est un, dis-le-moi,
J'irai le chercher avec toi.

Tu sais qu'aux fleurs de ma fenêtre
Ton nid chante depuis trois ans,
Et quand tu viens le reconnaître
Mes droits ne te sont pas pesants !
Hirondelle ! hirondelle ! hirondelle !
Est-il au monde un cœur fidèle ?
Ah ! s'il en est un, dis-le-moi,
J'irai le chercher avec toi.

Je ne rappelle rien, j'aspire
Comme un des tiens dans la langueur
Dont la solitude soupire
Et demande un cœur pour un cœur.
Hirondelle ! hirondelle ! hirondelle !
Est-il au monde un cœur fidèle ?
Ah ! s'il en est un, dis-le-moi,
J'irai le chercher avec toi.

Allons vers l'idole rêvée,
Au Nord, au Sud, à l'Orient :
Du bonheur de l'avoir trouvée
Je veux mourir en souriant.
Hirondelle ! hirondelle ! hirondelle !
Est-il au monde un cœur fidèle ?

Ah ! s'il en est un, dis-le-moi,
J'irai le chercher avec toi !

La feuille volée

Va-t-il écrire à sa maîtresse
L'oiseau vainqueur, le moineau franc,
Sur ce larcin que son bec presse,
Sur ce lambeau de vélin blanc ?

Il me l'a pris. J'allais moi-même,
Trempé de pardon et d'espoir,
L'envoyer à l'absent que j'aime,
Et l'appeler… s'il veut me voir.

Souffle hardi qui viens de naître
Parmi les souffles de l'été,
Je t'avais ouvert ma fenêtre,
Et tu voles ma pauvreté !

Oiseau, le fragment d'une page
Peut contenir tant de bonheur !
Ah ! si tu le sais, sois mon page,
Et ne t'en va pas sans mon cœur.

Ce cœur, souvent, révèle à peine
Le trouble enfermé de mon sort ;
Ma voix ardente est sans haleine ;
Mon âme en pleurs est sans essor ;

Et tes ailes me font envie,
Quand ta volonté frappe l'air.
Ton cri rapide est une vie !
Ton vol, un éloquent éclair !

Ô flèche amoureuse lancée,
Aussi prompte que ton désir,
L'objet de ta fuite empressée,
Dieu ! que tu dois bien le saisir !

Toi chez qui le printemps allume
L'audace et l'élan de l'amour,
Remets ce papier sous ma plume
Puisqu'il va promettre un beau jour.

Mais tu t'enfuis, charmante chose,
En me regardant de travers ;
Car tu hais la cellule close,
Toi dont la cage est l'univers !

Simple oracle

Veux-tu connaître l'avenir :
Interroge le souvenir.

Les feuilles éparses des roses
Nous en racontent toutes choses.

Du moindre débris sans couleur
Le parfum nous dit : « J'étais fleur. »

L'enveloppe à l'âme est donnée
Qui commande à sa destinée.

Jamais ne croîtra le raisin
Sur l'épi mouvant son voisin.

Comme s'ils naissaient tous ensemble,
Grain par grain à l'autre ressemble ;

Et tant que le rosier vivra,
Épine ou rose y renaîtra.

KEY THEMES:

Les éclairs

Orages de l'amour, nobles et hauts orages,
Pleins de nids gémissants blessés sous les ombrages,
Pleins de fleurs, pleins d'oiseaux perdus, mais dans les cieux,
Qui vous perd ne voit plus, éclairs délicieux !

1850.

TRIPTYCH.
- Les éclairs
- Les roses de Saadi
- La jeune fille et ~~la ramière~~ le ramier

KEY THEMES: love and passion

Les roses de Saadi

J'ai voulu, ce matin, te rapporter des roses ;
Mais j'en avais tant pris dans mes ceintures closes
Que les nœuds trop serrés n'ont pu les contenir.

Les nœuds ont éclaté. Les roses envolées
Dans le vent, à la mer s'en sont toutes allées.
Elles ont suivi l'eau pour ne plus revenir.

La vague en a paru rouge et comme enflammée :
Ce soir ma robe encore en est tout embaumée…
Respires-en sur moi l'odorant souvenir.

La jeune fille et le ramier

Les rumeurs du jardin disent qu'il va pleuvoir ;
Tout tressaille, averti de la prochaine ondée :
Et toi qui ne lis plus, sur ton livre accoudée,
Plaints-tu l'absent aimé qui ne pourra te voir ?

Là-bas, pliant son aile et mouillé sous l'ombrage,
Banni de l'horizon qu'il n'atteint que des yeux,
Appelant sa compagne et regardant les cieux,
Un ramier, comme toi, soupire de l'orage.

Laissez pleuvoir, ô cœurs solitaires et doux !
Sous l'orage qui passe il renaît tant de choses,
Le soleil sans la pluie ouvrirait-il les roses ?
Amants, vous attendez, de quoi vous plaignez-vous ?

L'entrevue au ruisseau

L'eau nous sépare, écoute bien :
Si tu fais un pas, tu n'as rien.

Voici ma plus belle ceinture
Elle embaume encor de mes fleurs.
Prends les parfums et les couleurs,
Prends tout… Je m'en vais sans parure.

L'eau nous sépare, écoute bien :
Si tu fais un pas, tu n'as rien.

Sais-tu pourquoi je viens moi-même
Jeter mon ruban sur ton sein ?
C'est que tu parlais d'un larcin,
Et l'on veut donner quand on aime.

L'eau nous sépare, écoute bien :
Si tu fais un pas, tu n'as rien.

Adieu, ta réponse est à craindre,
Je n'ai pas le temps d'écouter ;
Mais quand je n'ose m'arrêter,
N'est-ce donc que toi qu'il faut plaindre ?

Ce que j'ai dit, retiens-le bien :
Pour aujourd'hui, je n'ai plus rien !

L’image dans l’eau

Fontaine, fontaine,
Ton eau coûte cher !
Quand tu serais pleine
Du flot rare et clair
Que je te vins prendre
Un soir de l’été,
Pourrais-tu me rendre
Ce qu’il m’a coûté.

Fontaine attirante
Sur ton frais miroir
Quand la lune errante
Passa pour te voir,
Qu’ai-je vu paraître
À ce doux flambeau ?
Un rêve, peut-être ;
Mais qu’il était beau !

Fontaine enchantée,
N’as-tu que pour moi
La force aimantée
Qui ramène à toi ?…
Ou bien,… quel dommage !
Au fond de tes fleurs,
Retiens-tu l’image
Que troublent mes pleurs ?

Fontaines railleuses
Qui troublez nos pas,
Aux voix curieuses
Dites-vous, tout bas :
« La lune qui passe
Sur deux fronts élus,
Deux fois dans l’espace
Ne les revoit plus. »

L’eau douce

Pitié de moi ! j’étais l’eau douce ;
Un jour j’ai rencontré la mer ;
À présent j’ai le goût amer,
Quelque part que le vent me pousse.

Ah ! qu’il en allait autrement
Quand, légère comme la gaze
Parmi mes bulles de topaze
Je m’agitais joyeusement.

Nul bruit n’accostait une oreille
D’un salut plus délicieux
Que mon cristal mélodieux
Dans sa ruisselante merveille.

L’oiseau du ciel, sur moi penché,
M’aimait plus que l’eau du nuage,
Quand mon flot, plein de son image,
Lavait son gosier desséché.

Le poëte errant qui me loue
Disait un jour qu’il m’a parlé :
« Tu sembles le rire perlé
D’un enfant qui jase et qui joue.

Moi, je suis l’ardent voyageur
Incliné sur ta nappe humide,
Qui te jure, ô ruisseau limpide,
De bénir partout ta fraîcheur. »

— Doux voyageur, si la mémoire
S’abreuve de mon souvenir,
Bénis Dieu d’avoir pu me boire,
Mais défends-toi de revenir.

Mon cristal limpide et sonore
Où s’étalait le cresson vert
Dans les cailloux ne coule encore
Que sourdement, comme l’hiver.

L'oiseau dont la soif est trompée
Au nuage a rendu son vol,
Et la plume du rossignol
Dans mon onde n'est plus trempée.

Cette onde qui filtrait du ciel
Roulait des clartés sous la mousse…
J'étais bien mieux, j'étais l'eau douce,
Et me voici traînant le sel.

La voix d'un ami

Si tu n'as pas perdu cette voix grave et tendre
Qui promenait mon âme au chemin des éclairs
Ou s'écoulait limpide avec les ruisseaux clairs,
Éveille un peu ta voix que je voudrais entendre.

Elle manque à ma peine, elle aiderait mes jours.
Dans leurs cent mille voix je ne l'ai pas trouvée.
Pareille à l'espérance en d'autres temps rêvée,
Ta voix ouvre une vie où l'on vivra toujours !

Souffle vers ma maison cette flamme sonore
Qui seule a su répondre aux larmes de mes yeux.
Inutile à la terre, approche-moi des cieux.
Si l'haleine est en toi, que je l'entende encore !

Elle manque à ma peine ; elle aiderait mes jours.
Dans leurs cent mille voix je ne l'ai pas trouvée.
Pareille à l'espérance en d'autres temps rêvée,
Ta voix ouvre une vie où l'on vivra toujours !

L'ami d'enfance

Un ami me parlait et me regardait vivre.
Alors, c'était mourir… Mon jeune âge était ivre
De l'orage enfermé dont la foudre est au cœur :
Et cet ami riait, car il était moqueur.

Il n'avait pas d'aimer la funeste science.
Son seul orage à lui c'était l'impatience.
Léger comme l'oiseau qui siffle avant d'aimer,
Disant : « Tout feu s'éteint, puisqu'il peut s'allumer ; »
Plein de chants, plein d'audace et d'orgueil sans alarme,
Il eût mis tout un jour à comprendre une larme.
De nos printemps égaux lui seul portait les fleurs ;
J'étais déjà l'aînée, hélas ! par bien des pleurs.

Décorant sa pitié d'une grâce insolente,
Il disputait, joyeux, avec ma voix tremblante ;
À ses doutes railleurs je répondais trop bas….
Prouve-t-on que l'on souffre à qui ne souffre pas ?

Soudain, presque en colère, il m'appela méchante,
De tromper la saison où l'on joue, où l'on chante :
« Venez, sortez, courez où sonne le plaisir !
Pourquoi restez-vous là navrant votre loisir ?
Pourquoi déifier vos immobiles peines ?
Venez, la vie est belle, et ses coupes sont pleines !…
Non ? Vous voulez pleurer ? Soit ! J'ai fait mon devoir ;
Adieu ! — Quand vous rirez, je reviendrai vous voir. »

Et je le vis s'enfuir comme l'oiseau s'envole ;
Et je pleurai longtemps au bruit de sa parole ;
Mais quoi ? la fête en lui chantait si haut alors
Qu'il n'entendait que ceux qui dansaient au dehors.

Tout change. Un an s'écoule, il revient… Qu'il est pâle !
Sur son front, quelle flamme a soufflé tant de hâle ?
Comme il accourt tremblant ! Comme il serre ma main !
Comme ses yeux sont noirs ! Quel démon en chemin
L'a saisi ? C'est qu'il aime ; il a trouvé son âme.

Il ne me dira plus : « Que c'est lâche une femme ! »
Triste, il m'a demandé : « C'est donc là votre enfer ?
Et je riais… Grand Dieu ! vous avez bien souffert ! »

Trop tard

Il a parlé. Prévoyante ou légère,
Sa voix cruelle et qui m'était si chère
A dit ces mots qui m'atteignaient tout bas :
« Vous qui savez aimer, ne m'aimez pas !

« Ne m'aimez pas si vous êtes sensible ;
« Jamais sur moi n'a plané le bonheur.
« Je suis bizarre et peut-être inflexible ;
« L'amour veut trop : l'amour veut tout un cœur.
« Je hais ses pleurs, sa grâce ou sa colère ;
« Ses fers jamais n'entraveront mes pas. »

Il parle ainsi celui qui m'a su plaire…
Qu'un peu plus tôt cette voix qui m'éclaire
N'a-t-elle dit, moins flatteuse et moins bas :
« Vous qui savez aimer, ne m'aimez pas !

« Ne m'aimez pas ; l'âme demande l'âme ;
« L'insecte ardent brille aussi près des fleurs.
« Il éblouit, mais il n'a point de flamme ;
« La rose a froid sous ses froides lueurs.
« Vaine étincelle échappée à la cendre,
« Mon sort qui brille égarerait vos pas. »

Il parle ainsi, lui que j'ai cru si tendre !
Ah ! pour forcer ma raison à l'entendre,
Il dit trop tard, ou bien il dit trop bas :
« Vous qui savez aimer, ne m'aimez pas ! »

Dernière entrevue

Attends, nous allons dire adieu :
Ce mot seul désarmera Dieu.

Les voilà ces feuilles brûlantes
Qu'échangèrent nos mains tremblantes ;

Où l'amour répandit par flots
Ses cris, ses flammes, ses sanglots.

Délivrons ces âmes confuses,
Rendons l'air aux pauvres recluses.

Attends, nous allons dire adieu :
Ce mot seul désarmera Dieu.

Voici celle qui m'a perdue…
Lis ! Quand je te l'aurai rendue,

De tant de mal, de tant de bien,
Il ne me restera plus rien.

Brûlons ces tristes fleurs d'orage,
Moi, par effroi ; toi, par courage.

Elles survivraient trop d'un jour
Au naufrage d'un tel amour.

Par pitié, sois-nous inflexible !
Pour ce sacrifice impossible,

Il fallait le secours des cieux,
Et les regarder dans tes yeux !

Contre toi le sort n'a plus d'armes ;
Oh ! ne pleure pas… bois mes larmes !

Lève au ciel ton front abattu ;
Je t'aime à jamais : le sais-tu ?

Mais te voilà près de la porte…
La terre s'en va… je suis morte !…

Hélas ! je n'ai pas dit adieu…
Toi seul es sauvé devant Dieu !

L'esclave et l'oiseau

Ouvre ton aile au vent, mon beau ramier sauvage !
Laisse à mes doigts brisés ton anneau d'esclavage.
Tu n'as que trop pleuré ton élément, l'amour ;
Sois heureux comme lui : sauve-toi sans retour !

Que tu montes la nue ou que tu rases l'onde,
Souviens-toi de l'esclave en traversant le monde.
L'esclave t'affranchit pour te rendre à l'amour :
Quitte-moi comme lui : sauve-toi sans retour !

Va retrouver dans l'air la volupté de vivre !
Va boire les baisers de Dieu qui te délivre !
Ruisselant de soleil et plongé dans l'amour,
Va-t'en ! va-t'en ! va-t'en ! sauve-toi sans retour !

Moi, je garde l'anneau ; je suis l'oiseau sans ailes.
Les tiennes vont aux cieux : mon âme est devant elles.
Va, je les sentirai frissonner dans l'amour ;
Mon ramier, sois béni ! Sauve-toi sans retour !

Va demander pardon pour les faiseurs de chaînes ;
En fuyant les bourreaux, laisse tomber les haines.
Va plus haut que la mort, emporté dans l'amour :
Sois clément comme lui… Sauve-toi sans retour !

Dans l'été

Un danger circule à l'ombre,
Au chant de l'oiseau,
Qui descend, dès qu'il fait sombre,
Se plaindre au roseau.
Alors tout ce qui respire
Se prend à rêver ;
Et le ruisseau qui soupire
Semble l'éprouver.

Partout les nids et les ailes
Tremblent doucement,
Dénonçant des tourterelles
L'entretien charmant ;
L'été brûle avec mystère
Dans les lits en fleurs
Des seuls amants de la terre
Sans blâme et sans pleurs.

Et si trop jeune encore
Pour fuir un danger,
L'enfant rêveur que j'adore
S'attarde au verger,
Laisse dans l'errante nue
Ton charme cruel,
Et sauve l'âme ingénue
Du plaisir mortel !

L'enfant triste

Pauvre enfant, dans un jour d'effroi,
L'amour a-t-il semé ta vie ?
Tonnait-il fort ? faisait-il froid ?
N'entendait-on pas le beffroi ?
Ta jeune mère eut-elle envie
De mourir, dans ce jour d'effroi ?
    Pauvre enfant !

Chargés d'un vague souvenir,
Tes yeux tristes, mais sans colère,
Se détournent de l'avenir.
Est-ce l'enfant qu'il doit punir ?
Y vois-tu luire une lumière
Qui réponde à ton souvenir ?
    Pauvre enfant !

Augure du jaloux amour,
Ta poupée en tes bras cachée,
Objet d'un culte sans retour,
Sous tes soins ardents chaque jour
Est-elle à ton cœur attachée,
L'augure du jaloux amour ?
    Pauvre enfant !

Fierté, pardonne-moi !

Fierté, pardonne-moi !
Fierté, je t'ai trahie !...
Une fois dans ma vie,
Fierté, j'ai mieux aimé mon pauvre cœur que toi
Tue, ou pardonne-moi !

Sans souci, sans effroi,
Comme on est dans l'enfance,
J'étais là sans défense ;
Rien ne gardait mon cœur, rien ne veillait sur moi :
Où donc étais-tu, toi ?

Fierté, pardonne-moi !
Fierté, je t'ai trahie !...
Une fois dans ma vie,
Fierté, j'ai mieux aimé mon pauvre cœur que toi :
Tue, ou pardonne-moi !

Le secret perdu

Qui me consolera ? — « Moi seule, a dit l'étude ;
« J'ai des secrets nombreux pour ranimer tes jours. » —
Les livres ont dès lors peuplé ma solitude,
Et j'appris que tout pleure, et je pleurai toujours.

Qui me consolera ? — « Moi, m'a dit la parure ;
« Voici des nœuds, du fard, des perles et de l'or. » —
Et j'essayai sur moi l'innocente imposture,
Mais je parais mon deuil, et je pleurais encor.

Qui me consolera ? — « Nous, m'ont dit les voyages ;
« Laisse-nous t'emporter vers de lointaines fleurs. » —
Mais, toute éprise encor de mes premiers ombrages,
Les ombrages nouveaux n'ont caché que mes pleurs.

Qui me consolera ? — Rien ; plus rien ; plus personne.
Ni leurs voix, ni ta voix ; mais descends dans ton cœur ;
Le secret qui guérit n'est qu'en toi. Dieu le donne :
Si Dieu te l'a repris, va ! renonce au bonheur !

Au livre de Léopardi

Il est de longs soupirs qui traversent les âges
Pour apprendre l'amour aux âmes les plus sages.
Ô sages ! De si loin que ces soupirs viendront,
Leurs brûlantes douceurs un jour vous troubleront.

Et s'il vous faut garder parmi vos solitudes
Le calme qui préside aux sévères études,
Ne risquez pas vos yeux sur les tendres éclairs
De l'orage éternel enfermé dans ces vers,

Dans ces chants, dans ces cris, dans ces plaintes voilées,
Tocsins toujours vibrant de douleurs envolées.
Oh ! N'allez pas tenter, d'un courage hardi,
Tout cet amour qui pleure avec Léopardi !

Léopardi ! Doux Christ oublié de son père,
Altéré de la mort sans le ciel qu'elle espère,
Qu'elle ouvre d'une clé pendue à tout berceau,
Levant de l'avenir l'insoulevable sceau.

Ennemi de lui seul ! Aimer, et ne pas croire !
Sentir l'eau sur sa lèvre, et ne pas l'oser boire !
Ne pas respirer Dieu dans l'âme d'une fleur !
Ne pas consoler l'ange attristé dans son cœur !

Ce que l'ange a souffert chez l'homme aveugle et tendre,
Ce qu'ils ont dit entre eux sans venir à s'entendre,
Ce qu'ils ont l'un par l'autre enduré de combats,
Sages qui voulez vivre, oh ! ne l'apprenez pas !

Oh la mort ! Ce sera le vrai réveil du songe !
Liberté ! Ce sera ton règne sans mensonge !
Le grand dévoilement des âmes et du jour ;
Ce sera Dieu lui-même… oh ! Ce sera l'amour !

Simple histoire

Tu m'as connue au temps des roses,
Quand les colombes sont écloses ;
Tes yeux alors pleins de soleil
Ont brillé sur mon teint vermeil.
Souriante à ma destinée,
Par ta douce force entraînée,
Je ne t'aimai pas à demi,
Mon jeune ami, mon seul ami !

À l'étonnement de nos âmes,
Tout jetait des fleurs et des flammes ;
Une feuille, un bruit de roseaux
Nous semblaient des hymnes d'oiseaux.
Quand ce beau temps sur notre tête
Sonnait à chaque heure une fête,
Nous n'étions mortels qu'à demi,
Mon jeune ami, mon seul ami !

Puis tu t'en allas vers ta mère.
Et la vie eut une ombre amère ;
Autour de mon sort languissant,
L'été même allait pâlissant.
Les roses me paraient encore ;
Mais déjà, pleurant l'autre aurore,
Je n'aimai plus rien qu'à demi,
Sans mon ami, mon seul ami !

Un jour, l'invincible espérance
Poussa ton vaisseau vers la France :
Tu me ranimas sur ton cœur…
Jeune, on ne meurt pas de bonheur !
Mais la guerre appelait tes armes…
Sous tant de baisers et de larmes,
Je ne l'ai revu qu'à demi,
Mon jeune ami, mon seul ami !

Plus tard, un enfant du village
Accourut, tout pâle au visage,
Disant : « Voulez-vous le revoir ?
Demain ce sera sans espoir.
Déjà les prières sont faites,
Venez vite ; comme vous êtes… »
Et je revins morte à demi,
Mon pauvre ami ! mon seul ami !

La jeune comédienne à Fontenay-les-Roses

Légère, on la portait ! C'était comme une fête ;
Chaque fleur, pour la voir, semblait lever la tête ;
Le soleil, à pleins feux, ruisselait dans les champs ;
Une église allumait ses flambeaux et ses chants ;
Les cieux resplendissaient sans nuage, sans blâme ;
De la morte charmante ils laissaient passer l'âme,
Et les hommes en bas marchaient silencieux,
La rêverie au cœur et l'espérance aux yeux.
Plus loin, des moissonneurs penchés sur leur faucille,
Devinaient et plaignaient ce poids de jeune fille
Au deuil blanc ; car, pressé de vivre et de souffrir,
L'homme partout s'attarde à regarder mourir.

Jamais le mois brûlant n'avait vu tant de roses !
Pour de plus doux emplois elles semblaient écloses.
Le chemin les jetait sous les pieds de l'enfant
Couché, qu'on enlevait de ce sol triomphant.
Cet immobile enfant venait d'être Laurence,
Que sa crédule mère appelait Espérance.
Oui, la mère est crédule en regardant le jour
Flotter au fond des yeux de l'enfant, son amour !
C'est trop peu d'une vie à cette âme qui s'ouvre :
C'est une éternité que la mère y découvre.
L'éternité fuyait pour ne plus revenir ;
Laurence avait changé de route et d'avenir.

La veille elle avait dit : « Six vierges couronnées,
« Dont les âmes au mal ne se sont pas données,
« Demain, le long des bleds, mèneront le convoi,
« Tendront mon dernier voile et prieront Dieu pour moi.
« Pour moi, s'il est un coin, parmi les hautes herbes,
« Que ne visitent pas les charités superbes,
« Un coin vert, où jamais on n'entend rien gémir,
« J'y voudrais bien aller ! j'y voudrais bien dormir !
« S'il vous plaît, qu'on m'y porte ! Il me faut du silence ;
« Un saule au doux frisson, que l'air baigne et balance.
« Sur nous, si Dieu le veut, l'aurore passera,
« Et parmi le vent frais l'oiseau seul chantera.

« Tant de bruits sur la terre ont étourdi mon âme !
« Oui, c'est une pitié d'y naître pauvre et femme.
« Ne me démentez pas, corrupteurs… ah ! pardon !
« Vivez ! j'ai pris sur moi la faute et l'abandon.
« J'ai bien assez souffert pour que Dieu vous pardonne !
« Vivez : tous mes pardons à moi, je vous les donne.
« Mais si quelque autre enfant la voix pleine de pleurs
« Vient chanter devant vous, ne souillez plus ses fleurs.
« Paix ! Éloignez d'ici cette musique affreuse…
« Fermez tout… là, c'est bien. Ô Vierge généreuse,
« Je ne veux plus entendre et regarder que vous :
« Oh ! que vous êtes calme !… Oh ! que vous suivre est doux !… »

Puis elle regarda fixe et droit devant elle,
Tandis que de ses yeux la mémoire infidèle
S'effaçait, comme on voit, aux approches du soir,
Par degrés se ternir les clartés d'un miroir.
Un sourire y passa, mais un sourire étrange :
On eût dit qu'auprès d'elle invisible, un autre ange
Détournait de sa bouche, où la vie hésitait,
Une coupe inutile à l'espoir qui mentait.
— « Non, je ne veux plus boire ; assez, cria Laurence,
« Assez, je n'ai plus soif. » Et tout devint silence.

Les pauvres, sur leurs doigts, comptaient ses jeunes jours
Disant qu'elle était sainte, ayant donné toujours.
Toujours elle donnait, cette belle indigente,
Madeleine insultée et comme elle indulgente.
Dans son rêve fuyant sillonné d'un peu d'or,
Elle étendait les mains croyant donner encor.

Mais quoi, le rossignol soulevé dans la brise
S'en retournait à Dieu par l'arceau d'une église,
Et sous tant de bouquets jetés sur son départ,
Seul, de tout ce printemps, ne prenait plus sa part.

Et comme s'en allait ce lumineux cortége,
En chantant : « Que le Dieu qui mourut la protége ! »…
Prise d'un souvenir qui me serrait la voix,
Je criai, sans parler : « Qu'est-ce donc que je vois ! »

Alors, posant ma main où la douleur s'élance,
Je ressentis au cœur comme un grand coup de lance,
Tel que le recevra tout pauvre cœur humain
Devant ces corps d'enfant tombés par le chemin.
Appelant par son nom la douce pardonnée,
Presque sans le vouloir je marchais consternée,
Puis, rêvant son front pâle et naguère adoré,
La force abandonna mon corps,... et je pleurai.

Pourtant, l'atome ailé dont le vol se déploie
Traçait au fond de l'air mille cercles de joie,
L'hirondelle au bec noir acclamait son retour ;
Le cri des coqs lointains sonnait l'heure et l'amour ;
Là bas, des ramiers blancs flottaient à longues voiles
Et semblaient, en plein jour, de filantes étoiles ;
L'arrêt n'avait frappé que sur un jeune sort
Qui, soumis, s'éteignait sous les doigts de la mort.

Dans ce grand requiem formé par la nature,
Six voix d'enfants poussaient leurs élans sans culture ;
Au fond des bois ombreux mille oiseaux s'ébattaient,
Et l'on eût dit au loin que les arbres chantaient.

Quand la nuit s'étendit sur l'ardent paysage,
Quand tout bruit s'effaça, l'astre au tendre visage
Vers une croix nouvelle allongea ses fils d'or
Comme un baiser de mère à son enfant qui dort.

Dormez, dormez, jeunesse, apaisez vos orages !
Que tout vous soit repos sous ces chastes ombrages !
Nuls vices ne viendront vous tenter en ce lieu ;
Germez dans l'espérance, et laissez faire à Dieu !

Crois-moi

Si ta vie obscure et charmée
Coule à l'ombre de quelques fleurs,
Âme orageuse mais calmée
Dans ce rêve pur et sans pleurs,
Sur les biens que le ciel te donne,
        Crois-moi :
Pour que le sort te les pardonne,
        Tais-toi !

Mais si l'amour d'une main sûre,
T'a frappée à ne plus guérir ;
Si tu languis de ta blessure
Jusqu'à souhaiter d'en mourir ;
Devant tous, et devant toi-même,
        Crois-moi :
Par un effort doux et suprême,
        Tais-toi !

Vois-tu, les profondes paroles
Qui sortent d'un vrai désespoir
N'entrent pas aux âmes frivoles
Si cruelles sans le savoir !
Ne dis qu'à Dieu ce qu'il faut dire,
        Crois-moi :
Et couvrant ta mort d'un sourire,
        Tais-toi !

Pourquoi ?

Quand vous suiviez ma trace,
J'allais avoir quinze ans,
Puis la fleur, puis la grâce,
Puis le feu du printemps.

J'étais blonde et pliante
Comme l'épi mouvant,
Et surtout moins savante
Que le plus jeune enfant.

J'avais ma douce mère
Me guidant au chemin,
Attentive et sévère
Quand vous cherchiez ma main.

C'est beau la jeune fille
Qui laisse aller son cœur
Dans son regard qui brille
Et se lève au bonheur !

Vous me vouliez pour femme,
Je le jurais tout bas.
Vous mentiez à votre âme :
Moi, je ne mentais pas.

Si la fleur virginale
D'un brûlant avenir,
Si sa plus fraîche annale
N'ont pu vous retenir,

Pourquoi chercher ma trace
Quand je n'ai plus quinze ans,
Ni la fleur, ni la grâce,
Ni le feu du printemps.

Cigale

De l'ardente cigale
  J'eus le destin,
Sa récolte frugale
  Fut mon festin.
Mouillant mon seigle à peine
  D'un peu de lait,
J'ai glané graine à graine
  Mon chapelet.

J'ai chanté comme j'aime
  Rire et douleurs ;
L'oiseau des bois lui-même
  Chante des pleurs ;
Et la sonore flamme,
  Symbole errant,
Prouve bien que toute âme
  Brûle en pleurant.

Puisque amour vit de charmes
  Et de souci,
J'ai donc vécu de larmes,
  De joie aussi,
À présent, que m'importe !
  Faite à souffrir,
Devant, pour être morte,
  Si peu mourir.

La chanteuse penchée
  Cherchait encor
De la moisson fauchée
  Quelque épi d'or,
Quand l'autre moissonneuse,
  Forte en tous lieux,
Emporta la glaneuse
  Chanter aux cieux.

Amour, divin rôdeur, etc.

Amour, divin rôdeur, glissant entre les âmes,
Sans te voir de mes yeux, je reconnais tes flammes.
Inquiets des lueurs qui brûlent dans les airs,
Tous les regards errants sont pleins de tes éclairs.

C'est lui ! Sauve qui peut ! Voici venir les larmes !...
Ce n'est pas tout d'aimer, l'amour porte des armes.
C'est le roi, c'est le maître, et, pour le désarmer,
Il faut plaire à l'amour, ce n'est pas tout d'aimer !

Famille

Le nid solitaire

Va, mon âme, au-dessus de la foule qui passe,
Ainsi qu'un libre oiseau te baigner dans l'espace.
Va voir ! et ne reviens qu'après avoir touché
Le rêve… mon beau rêve à la terre caché.

Moi, je veux du silence, il y va de ma vie ;
Et je m'enferme où rien, plus rien ne m'a suivie ;
Et de son nid étroit d'où nul sanglot ne sort,
J'entends courir le siècle à côté de mon sort.

Le siècle qui s'enfuit grondant devant nos portes,
Entraînant dans son cours, comme des algues mortes,
Les noms ensanglantés, les vœux, les vains serments,
Les bouquets purs, noués de noms doux et charmants.

Va, mon âme, au-dessus de la foule qui passe,
Ainsi qu'un libre oiseau te baigner dans l'espace.
Va voir ! et ne reviens qu'après avoir touché
Le rêve… mon beau rêve à la terre caché !

Soir d'été

Le soleil brûlait l'ombre, et la terre altérée
Au crépuscule errant demandait un peu d'eau ;
Chaque fleur, de sa tête inclinait le fardeau
Sur la montagne encor dorée.

Tandis que l'astre en feu descend et va s'asseoir
Au fond de sa rouge lumière,
Dans les arbres mouvants frissonne la prière,
Et dans les nids : bonsoir ! bonsoir !

Pas une aile à l'azur ne demande à s'étendre,
Pas un enfant ne rôde aux vergers obscurcis,
Et dans tout ce grand calme et ces tons adoucis,
Le moucheron pourrait s'entendre.

Aux Andelys.

Loin du monde

Entrez, mes souvenirs, ouvrez ma solitude.
Le monde m'a troublée ; elle aussi me fait peur.
Que d'orages encore et que d'inquiétude
Avant que son silence assoupisse mon cœur !

Je suis comme l'enfant qui cherche après sa mère,
Qui crie, et qui s'arrête effrayé de sa voix.
J'ai de plus que l'enfant une mémoire amère :
Dans son premier chagrin, lui, n'a pas d'autrefois.

Entrez, mes souvenirs, quand vous seriez en larmes,
Car vous êtes mon père, et ma mère, et mes cieux !
Vos tristesses jamais ne reviennent sans charmes ;
Je vous souris toujours en essuyant mes yeux.

Revenez ! Vous aussi, rendez-moi vos sourires,
Vos longs soleils, votre ombre, et vos vertes fraîcheurs,
Où les anges riaient dans nos vierges délires,
Où nos fronts s'allumaient sous de chastes rougeurs.

Dans vos flots ramenés quand mon cœur se replonge,
Ô mes amours d'enfance ! ô mes jeunes amours !
Je vous revois couler comme l'eau dans un songe,
Ô vous, dont les miroirs se ressemblent toujours !

La fileuse et l'enfant

J'appris à chanter en allant à l'école :
Les enfants joyeux aiment tant les chansons !
Ils vont les crier au passereau qui vole ;
Au nuage, au vent, ils portent la parole,
Tout légers, tout fiers de savoir des leçons.

La blanche fileuse à son rouet penchée
Ouvrait ma jeune âme avec sa vieille voix
Lorsque j'écoutais, toute lasse et fâchée,
Toute buissonnière en un saule cachée,
Pour mon avenir ces thèmes d'autrefois.

Elle allait chantant d'une voix affaiblie,
Mêlant la pensée au lin qu'elle allongeait ;
Courbée au travail comme un pommier qui plie ;
Oubliant son corps d'où l'âme se délie ;
Moi, j'ai retenu tout ce qu'elle songeait :

— « Ne passez jamais devant l'humble chapelle
Sans y rafraîchir les rayons de vos yeux.
Pour vous éclairer c'est Dieu qui vous appelle ;
Son nom dit le monde à l'enfant qui l'épèle,
Et c'est, sans mourir, une visite aux cieux.

« Ce nom, comme un feu, mûrira vos pensées,
Semblable au soleil qui mûrit les bleds d'or ;
Vous en formerez des gerbes enlacées
Pour les mettre un jour sous vos têtes lassées
Comme un faible oiseau qui chante et qui s'endort.

« N'ouvrez pas votre aile aux gloires défendues ;
De tous les lointains juge-t-on la couleur ?
Les voix sans écho sont les mieux entendues ;
Dieu tient dans sa main les clefs qu'on croit perdues ;
De tous les secrets lui seul sait la valeur.

« Quand vous respirez un parfum délectable,
Ne demandez pas d'où vient ce souffle pur.
Tout parfum descend de la divine table ;
L'abeille en arrive, artiste infatigable,
Et son miel choisi tombe aussi de l'azur.

« L'été, lorsqu'un fruit fond sous votre sourire,
Ne demandez pas : Ce doux fruit, qui l'a fait ?
Vous direz : C'est Dieu, Dieu par qui tout respire !
En piquant le mil l'oiseau sait bien le dire,
Le chanter aussi par un double bienfait.

« Si vous avez peur lorsque la nuit est noire,
Vous direz : Mon Dieu, je vois clair avec vous !
Vous êtes la lampe au fond de ma mémoire ;
Vous êtes la nuit, voilé dans votre gloire ;
Vous êtes le jour et vous brillez pour nous !

« Si vous rencontrez un pauvre sans baptême,
Donnez-lui le pain que l'on vous a donné.
Parlez-lui d'amour comme on fait à vous-même ;
Dieu dira : C'est bien ! Voilà l'enfant que j'aime :
S'il s'égare un jour, il sera pardonné.

« Voyez-vous passer dans sa tristesse amère
Une femme seule et lente à son chemin,
Regardez-la bien et dites : C'est ma mère,
Ma mère qui souffre ! — honorez sa misère,
Et soutenez-la du cœur et de la main.

« Enfin faites tant et si souvent l'aumône,
Qu'à ce doux travail ardemment occupé
Quand vous vieillirez — tout vieillit, Dieu l'ordonne,
Quelque ange en passant vous touche et vous moissonne
Comme un lys d'argent pour la Vierge coupé.

« Les ramiers s'en vont où l'été les emmène ;
L'eau court après l'eau qui fuit sans s'égarer.
Le chêne grandit sous le bras du grand chêne,
L'homme revient seul où son cœur le ramène,
Où les vieux tombeaux l'attirent pour pleurer. »

— J'appris tous ces chants en allant à l'école :
Les enfants joyeux aiment tant les chansons !
Ils vont les crier au passereau qui vole ;
Au nuage, au vent, ils portent la parole,
Tout légers, tout fiers de savoir des leçons.

Un ruisseau de la Scarpe

Oui, j'avais des trésors... j'en ai plein ma mémoire.
J'ai des banquets rêvés où l'orphelin va boire.
Oh ! quel enfant des bleds, le long des chemins verts,
N'a, dans ses jeux errants, possédé l'univers ?

Emmenez-moi, chemins !... Mais non, ce n'est plus l'heure,
Il faudrait revenir en courant où l'on pleure,
Sans avoir regardé jusqu'au fond le ruisseau
Dont la vague mouilla l'osier de mon berceau.

Il courait vers la Scarpe en traversant nos rues
Qu'épurait la fraîcheur de ses ondes accrues ;
Et l'enfance aux longs cris saluait son retour
Qui faisait déborder tous les puits d'alentour.

Écoliers de ce temps, troupe alerte et bruyante,
Où sont-ils vos présents jetés à l'eau fuyante ?
Le livre ouvert, parfois vos souliers pour vaisseaux,
Et vos petits jardins de mousse et d'arbrisseaux ?

Air natal ! aliment de saveur sans seconde,
Qui nourris tes enfants et les baise à la ronde ;
Air natal imprégné des souffles de nos champs,
Qui fais les cœurs pareils et pareils les penchants !

Et la longue innocence, et le joyeux sourire
Des nôtres, qui n'ont pas de plus beau livre à lire
Que leur visage ouvert et leurs grands yeux d'azur,
Et leur timbre profond d'où sort l'entretien sûr !...

Depuis que j'ai quitté tes haleines bénies,
Tes familles aux mains facilement unies,
Je ne sais quoi d'amer à mon pain s'est mêlé,
Et partout sur mon jour une larme a tremblé.

Et je n'ai plus osé vivre à poitrine pleine
Ni respirer tout l'air qu'il faut à mon haleine.
On eût dit qu'un témoin s'y serait opposé...
Vivre pour vivre, oh non ! je ne l'ai plus osé !

Non, le cher souvenir n'est qu'un cri de souffrance !
Viens donc, toi, dont le cours peut traverser la France ;
À ta molle clarté je livrerai mon front,
Et dans tes flots du moins mes larmes se perdront.

Viens ranimer le cœur séché de nostalgie,
Le prendre, et l'inonder d'une fraîche énergie.
En sortant d'abreuver l'herbe de nos guérets,
Viens, ne fût-ce qu'une heure, abreuver mes regrets !

Amène avec ton bruit une de nos abeilles
Dont l'essaim, quoique absent, bourdonne en mes oreilles,
Elle en parle toujours ! diront-ils... Mais, mon Dieu,
Jeune, on a tant aimé ces parcelles de feu !

Ces gouttes de soleil dans notre azur qui brille,
Dansant sur le tableau lointain de la famille,
Visiteuses des bleds où logent tant de fleurs,
Miel qui vole émané des célestes chaleurs !

J'en ai tant vu passer dans l'enclos de mon père
Qu'il en fourmille au fond de tout ce que j'espère ;
Sur toi dont l'eau rapide a délecté mes jours,
Et m'a fait cette voix qui soupire toujours.

Dans ce poignant amour que je m'efforce à rendre,
Dont j'ai souffert longtemps avant de le comprendre,
Comme d'un pâle enfant on berce le souci,
Ruisseau, tu me rendrais ce qui me manque ici.

Ton bruit sourd, se mêlant au rouet de ma mère,
Enlevant à son cœur quelque pensée amère,
Quand pour nous le donner elle cherchait là-bas
Un bonheur attardé qui ne revenait pas.

Cette mère, à ta rive elle est assise encore ;
La voilà qui me parle, ô mémoire sonore !
Ô mes palais natals qu'on m'a fermés souvent !
La voilà qui les rouvre à son heureux enfant !

Je ressaisis sa robe, et ses mains, et son âme !
Sur ma lèvre entr'ouverte elle répand sa flamme !
Non ! par tout l'or du monde on ne me paîrait pas
Ce souffle, ce ruisseau qui font trembler mes pas !

Une ruelle de Flandre

À Madame Desloge, née Leurs.

Dans l'enclos d'un jardin gardé par l'innocence
J'ai vu naître vos fleurs avant votre naissance.
Beau jardin, si rempli d'œillets et de lilas
Que de le regarder on n'était jamais las.

En me haussant au mur dans les bras de mon frère,
Que de fois j'ai passé mes bras par la barrière
Pour atteindre un rameau de ces calmes séjours
Qui souple s'avançait et s'enfuyait toujours !
Que de fois, suspendus aux frêles palissades
Nous avons savouré leurs molles embrassades,
Quand nous allions chercher pour le repas du soir
Notre lait à la cense, et longtemps nous asseoir
Sous ces rideaux mouvants qui bordaient la ruelle !
Hélas ! qu'aux plaisirs purs la mémoire est fidèle !
Errants dans les parfums de tous ces arbres verts,
Plongeant nos fronts hardis sous leurs flancs entr'ouverts,
Nous faisions les doux yeux aux roses embaumées
Qui nous le rendaient bien, contentes d'être aimées !

Nos longs chuchotements entendus sans nous voir,
Nos rires étouffés pleins d'audace et d'espoir
Attirèrent un jour le père de famille
Dont l'aspect, tout d'un coup, surmonta la charmille,
Tandis qu'un tronc noueux me barrant le chemin
M'arrêta par la manche et fit saigner ma main.

Votre père eut pitié… C'était bien votre père !
On l'eût pris pour un roi dans la saison prospère.
Et nous ne partions pas à sa voix sans courroux :
Il nous chassait en vain, l'accent était si doux !
En écoutant souffler nos rapides haleines,
En voyant nos yeux clairs comme l'eau des fontaines,
Il nous jeta des fleurs pour hâter notre essor,
Et nous d'oser crier : « Nous reviendrons encor ! »

Quand on lavait du seuil la pierre large et lisse
Où dans nos jeux flamands l'osselet roule et glisse,
En rond silencieux, penchés sur leurs genoux,
D'autres enfants jouaient enhardis comme nous ;
Puis, poussant à la fois leurs grands cris de cigales
Ils jetaient pour adieux des clameurs sans égales,
Si bien qu'apparaissant tout rouges de courroux,
De vieux fâchés criaient : « Serpents ! vous tairez-vous ! »
Quelle peur !... Jamais plus n'irai-je à cette porte

Où je ne sais quel vent par force me remporte !
Quoi donc ! Quoi, jamais plus ne voudra-t-il de moi
Ce pays qui m'appelle et qui s'enfuit ?... Pourquoi !

Alors les blonds essaims de jeunes Albertines
Qui hantent dans l'été nos fermes citadines
Venaient tourner leur danse et cadencer leurs pas
Devant le beau jardin qui ne se fermait pas.
C'était la seule porte incessamment ouverte,
Inondant le pavé d'ombre ou de clarté verte,
Selon que du soleil les rayons ruisselants
Passaient ou s'arrêtaient aux feuillages tremblants.
On eût dit qu'invisible une indulgente fée
Dilatait d'un soupir la ruelle étouffée,
Quand les autres jardins enfermés de hauts murs
Gardaient sous les verroux leur ombre et leurs fruits mûrs.
Tant pis pour le passant ! À moins qu'en cette allée,
Élevant vers le ciel sa tête échevelée,
Quelque arbre, de l'enclos habitant curieux,
Ne franchît son rempart d'un front libre et joyeux.

On ne saura jamais les milliers d'hirondelles
Revenant sous nos toits chercher à tire d'ailes
Les coins, les nids, les fleurs et le feu de l'été,
Apportant en échange un goût de liberté,
Entendra qui pourra sans songer aux voyages
Ce qui faisait frémir nos ailes sans plumages,
Ces fanfares dans l'air, ces rendez-vous épars
Qui s'appelaient au loin : « Venez-vous ? Moi, je pars ! »

C'est là que votre vie ayant été semée,
Vous alliez apparaître et charmante et charmée ;
C'est là que préparée à d'innocents liens,
J'accourais… Regardez comme je m'en souviens !

Et les petits voisins amoureux d'ombre fraîche
N'eurent pas sitôt vu, comme au fond d'une crêche,
Un enfant rose et nu plus beau qu'un autre enfant
Qu'ils se dirent entre eux : « Est-ce un Jésus vivant ? »

C'était vous ! D'aucuns nœuds vos mains n'étaient liées ;
Vos petits pieds dormaient sur les branches pliées ;
Toute libre dans l'air où coulait le soleil
Un rameau sous le ciel berçait votre sommeil ;
Puis, le soir, on voyait d'une femme étoilée
L'abondante mamelle à vos lèvres collée,
Et partout se lisait dans ce tableau charmant
De vos jours couronnés le doux pressentiment.

De parfums, d'air sonore incessamment baisée,
Comment n'auriez-vous pas été poétisée ?
Que l'on s'étonne donc de votre amour des fleurs !
Vos moindres souvenirs nagent dans leurs couleurs.
Vous en viviez, c'était vos rimes et vos proses :
Nul enfant n'a jamais marché sur tant de roses !

Mon Dieu ! S'il n'en doit plus poindre au bord de mes jours,
Que sur ma sœur de Flandre il en pleuve toujours !

À Rouen, rue Ancrière

Je n'ai vu qu'un regard de cette belle morte
À travers le volet qui touche à votre porte,
Ma sœur ! Et sur la vitre où passa ce regard,
Ce fut l'adieu d'un ange obtenu par hasard.

Et dans la rue encore on dirait, quand je passe,
Que l'adieu reparaît à la claire surface.

Mais il est un miroir empreint plus tristement
De l'image fuyante et visible un moment :
Ce miroir, c'est mon âme où, portrait plein de larmes,
Revit la belle morte avec ses jeunes charmes.

Le puits de Notre Dame à Douai

Vieux puits emmantelé de mousse et de gazons,
Flot caché qui lavais le rang de nos maisons,
Centre d'égalité pour tout le voisinage,
Innocent cabaret du vieux et du jeune âge
Par le riche et le pauvre envahi chaques jours
Je te salue, ô toi qui te donnes toujours !

Dieu n'aura pas permis que l'on séchât ta source.
Et les enfants nouveaux y dirigent leur course,
Et les femmes encore y vont entretenir
Leurs bonheurs d'autrefois qui font mon souvenir.

Car au soleil couchant, du fond de leurs familles,
Glissaient au rendez-vous les plus petites filles,
Pareilles aux ramiers que l'on se plaît à voir
S'abattre et s'étaler au bord d'un abreuvoir,
Dans le gravier qui brille imbiber leur plumage
Et roucouler entre eux leur bonheur sans nuage.

De même, retenant les cris clairs et charmants,
On se reconnaissait par des chuchotements,
— (J'en étais !) — soulevant jusqu'au flot sédentaire
Tous nos fronts ravivés de moiteur salutaire ;
Et là se ranimaient les agneaux languissants
Trop serrés tout le jour dans nos bras caressants.

Quel calme ! Quel espace ! Et quel mouvant silence !
Ne songeant plus si l'heure au clocher se balance,
Ni si, dans l'univers, d'autres enfants bénis
Sont rentrés au bercail et les ramiers aux nids.
Un liseur de légende ayant vu parmi l'ombre
Nos blonds essaims tourner alentour de l'eau sombre,
En eût fait des ondins à demi-réveillés,
Dansant la bouche close et les cheveux mouillés.

Et quand vient me chercher le rêve aux longues ailes
Vers ces enfants… depuis changés en demoiselles,
Je descends haletante à ses chastes lueurs,

Mais plusieurs sont absents et leurs noms sous des fleurs.
Je ne retrouve plus Albertine envolée,
Ni mes sœurs, toutes trois dans une autre vallée.
Je sais qu'elles sont bien, mais le rêve éperdu
Me ramène plus triste. Il ne m'a rien rendu.

Que dis-je ? Il m'a donné de replonger mon âme
Dans cette eau jaillissant aux pieds de Notre-Dame,
Et d'aller librement, humblement me rasseoir
Sur les bancs consacrés aux prières du soir.
Beau rêve ! Il m'a permis de reposer ma tête,
Non comme l'hôte heureux et comblé de la fête,
Mais comme le banni fatigué de gémir
Cherchant de l'ombre à part afin d'oser dormir.

ENVOYÉ À LA BIEN-AIMÉE
qui avait voulu voir le pays de sa mère.

Toi, ne passe jamais à l'angle de la rue
Où notre église encor n'est pas toute apparue,
Sans t'arrêter au bruit qui filtre sous tes pas
Pour écouter un peu ce qu'il chante tout bas.
Il chante le passé, car il a vu nos pères ;
Il a la même voix que dans les temps prospères.
Livre tes longs cheveux au ruisselant miroir,
Et regarde longtemps ce que j'y voudrais voir :
Ton visage étoilé dans les cercles humides
Parsemant leurs clartés de sourires limpides,
Et les multipliant au fond du puits songeur
Pour y porter le jour comme ils font dans mon cœur !

Alors qu'il soit béni le salubre nuage
Ayant de tous les tiens miré l'errante image !
Monte sur la margelle et bois à ton plein gré
Son haleine qui manque à mon sang altéré.

La rose flamande

C'est là que j'ai vu Rose Dassonville,
Ce mouvant miroir d'une rose au vent.
Quand ses doux printemps erraient par la ville,
Ils embaumaient l'air libre et triomphant.

Et chacun disait en perçant la foule :
« Quoi ! belle à ce point ?... Je veux voir aussi... »
Et l'enfant passait comme l'eau qui coule
Sans se demander : « Qui voit-on ici ? »

Un souffle effeuilla Rose Dassonville.
Son logis cessa de fleurir la ville,
Et, triste aujourd'hui comme le voilà,
C'est là !

Rue de la Maison de Ville, à Douai.

L'innocence

Beau fantôme de l'innocence,
    Vêtu de fleurs,
Toi qui gardes sous ta puissance
    Une âme en pleurs !

Ô toi qui devanças nos hontes
    Et nos revers,
Es-tu si grand que tu surmontes
    Tout l'univers !

Le reste comme la poussière
    S'est envolé ;
Devant le feu de ma paupière
    Tout s'est voilé ;

Tout s'est enfui, flamme et fumée,
    Tout est au vent,
Toi seul sur mon âme enfermée
    Planes souvent.

Pour courir à ta voix qui crie :
    « Éternité ! »
Pour monter à Dieu que je prie,
    J'ai tout jeté.

La nuit, pour chasser un mensonge
    Qui me fait peur,
Ta main, plus forte que le songe,
    Étreint mon cœur.

Quelle absence est assez profonde
    Pour te braver,
Quand ton regard perce le monde
    Pour nous trouver ?

De mon âme ont jailli des âmes
    Dignes de toi ;
Au milieu de ces pures flammes,
    Ressaisis-moi !

Beau fantôme de l'innocence
    Vêtu de fleurs,
Oh ! garde bien en ta puissance
    Notre âme en pleurs.

recurrent stanza

Laisse-nous pleurer

Toi qui ris de nos cœurs prompts à se déchirer,
Rends-nous notre ignorance ou laisse-nous pleurer !

Promets-nous à jamais le soleil, la nuit même,
Oui, la nuit à jamais, promets-la-moi, je l'aime !
Avec ses astres blancs, ses flambeaux, ses sommeils,
Son rêve errant toujours et toujours ses réveils !
Et toujours, pour calmer la brûlante insomnie,
D'un monde où rien ne meurt l'éternelle harmonie !

Ce monde était le mien quand, les ailes aux vents,
Mon âme encore oiseau rasait les jours mouvants ;
Quand je mordais aux fruits que ma sœur, chère aînée,
Cueillait à l'arbre entier de notre destinée.
Puis, en nous regardant jusqu'au fond de nos yeux
Nous éclations d'un rire à faire ouvrir les cieux.
Car nous ne savions rien. Plus agiles que l'onde,
Nos âmes s'en allaient chanter autour du monde,
Lorsqu'avec moi, promise aux profondes amours,
Nous n'épelions partout qu'un mot : « toujours ! toujours ! »

Philosophe distrait, amant des théories,
Qui n'ôtes ton chapeau qu'aux madones fleuries,
Quand tu diras toujours que vivre, c'est penser,
Qu'il faut que l'oiseau chante et qu'il nous faut danser,
Et qu'alors qu'on est femme il faut porter des roses,
Tu ne changeras pas le cours amer des choses.
Pourquoi donc nous chercher, nous qui ne dansons pas ?
Pourquoi nous écouter, nous qui parlons tout bas ?
Nous n'allons point usant nos yeux au même livre ;
Le mien se lit dans l'ombre où Dieu m'apprend à vivre.

Toi, qui ris de nos cœurs prompts à se déchirer,
Rends-nous notre ignorance ou laisse-nous pleurer.

Vois, si tu n'as pas vu, la plus petite fille
S'éprendre des soucis d'une jeune famille,
Éclore à la douleur par le pressentiment,

Pâlir pour sa poupée heurtée imprudemment,
Prier Dieu, puis sourire en berçant son idole
Qu'elle croit endormie au son de sa parole.
Fière du vague instinct de sa fécondité,
Elle couve une autre âme à l'immortalité.
Laisse-lui ses berceaux : ta raillerie amère
Éteindrait son enfant… tu vois bien qu'elle est mère.
À la mère du moins laisse les beaux enfants,
Ingrats, si Dieu le veut, mais à jamais vivants !
Sinon, de quoi ris-tu ? Va, j'ai le droit des larmes ;
Va, sur les flancs brisés ne porte pas tes armes.

Toi qui ris de nos cœurs prompts à se déchirer,
Rends-nous notre innocence ou laisse-nous pleurer !

À ma sœur Cécile

L'orage avait grondé, ma tête était brûlante,
Et ma tête vers toi se tourna sans effort ;
Tu ne m'avais pas dit : « Je veille sur ton sort : »
Je l'entendis en moi dans cette heure accablante.

Plus tard, quand le soleil et sa tendre pitié
De mon front pâle encore essuyèrent les charmes,
Si l'ombre du passé me ramenait des larmes,
Ta tendresse fidèle en prenait la moitié.

Bientôt seule, et rendue au vent de la tempête,
Roseau toujours à terre et toujours étonné,
Quand tous m'offraient leur vie en courant à la fête,
Tu ne m'offris rien, toi, mais tu m'as tout donné.

À mon fils avant le collège

Un soir, l'âtre éclairait notre maison fermée,
Par le travail et toi doucement animée.
Ton aïeul tout rêveur te prit sur ses genoux,
(Il n'a jamais sommeil pour veiller avec nous)
Il parla le premier de départ, de collège,
De travaux, de la gloire aussi qui les allège,
Content d'avoir été, jeune un jour comme toi,
Emmené par sa mère… il le disait pour moi…
Puis traçant des tableaux pour étendre ta vue,
De nouveaux horizons découvrant l'étendue,
Il dit que, si petit qu'il fût, par le chemin,
Il soutenait sa mère et lui tenait la main.
Il raconta comment cette femme prudente
L'avait porté loin d'elle en sa tendresse ardente.
Ses yeux étaient mouillés me fixant en dessous…
De ce poignant effort je l'aime et je l'absous !
Sur quoi, me voyant coudre un manteau de voyage,
Il m'embrassa deux fois pour louer mon courage,
El toi, voyant qu'à tout je n'opposais plus rien,
Tu répondis : « Allons, mère, je le veux bien ! »

Oui, l'enfant veut toujours aller, perçant l'espace,
Tourner autour du monde et voir ce qui s'y passe.
Oui, son âme est l'oiseau qui n'a point de séjour,
Et qui vole partout où Dieu répand le jour.
Dès ce moment j'appris que j'avais fait un rêve,
Que tout nous dit adieu, que tout bonheur s'achève,
Et je devins confuse en pesant mon devoir.
L'ai-je rempli ?… Mon père était là pour le voir.
Le lendemain déjà dépassant la charmille
Et dérobant une âme au nid de la famille,
Quand nos pigeons rangés nous regardaient partir,
Trois fois prompte à rentrer, trois fois lente à sortir,
Comme celle qui croit oublier quelque chose,
Je ne pouvais sur toi tirer la porte close ;
Et le guide appelait : ah ! je l'entendais bien,
Mais j'oubliais toujours qu'il ne manquait plus rien.

Et toi, dont toute l'âme éclatait sans culture,
Partout où s'arrêtait notre lourde voiture,
Cher petit protecteur de mon rude chemin,
Tu descendais devant pour me donner la main.
On souriait de voir, empressé comme un page,
Un enfant si soumis, si diligent, si sage ;
Et je disais en moi, triste comme aujourd'hui :
« Jamais je ne pourrai m'en revenir sans lui ! »

Nous qui portons les fruits sur la terre où nous sommes,
Si fortes pour aimer, nous, faibles sœurs des hommes,
Ô mères, pourquoi donc les mettons-nous au jour,
Ces tendres fruits volés à notre ardent amour ?
À peine ils sont à nous qu'on veut nous les reprendre.
Ô mères, savez-vous ce qu'on va leur apprendre ?
À trembler sous un maître, à n'oser, par devoir,
Qu'une fois tous les ans demander à nous voir ;
À détourner de nous leurs mémoires légères.
Alors que sauront-ils ? Les langues étrangères,
Les vains soulèvements des peuples malheureux,
Et les fléaux humains toujours armés contre eux.
C'est donc beau ? Mais le temps saurait les en instruire.
Candeur de mon enfant, on va bien vous détruire !
Quand je le reverrai, mon fils sera savant ;
Il parlera latin ! Hélas, mon pauvre enfant,
Moi, je n'oserai plus peigner ta tête blonde.
Tu parleras latin ! Ta science profonde
Ne pouvant avec moi suivre un long entretien,
Tu diras tout surpris : « Ma mère ne sait rien ! »
Eh ! que veux-tu : l'amour n'en sait pas davantage ;
Ce maître conduit tout sans faire un grand tapage.
Il va ! Tant que mes pieds pouvaient porter mes jours,
J'allais chercher partout, pour t'en combler toujours,
Les fruits qui font bondir ta jeune fantaisie,
C'est notre étude à nous, c'est notre poésie.
Et je versais aussi quelques graves leçons
À ton doux cœur bercé par mes douces chansons.
N'était-ce pas assez pour nourrir ton jeune âge ?
Car tu n'as pas huit ans, chère âme ! Et c'est dommage,
Oui, je le dis, dommage, et frayeur, et danger,
D'ouvrir tant de secrets à ton âge léger.

À mon fils après l'avoir conduit au collège

Dire qu'il faut ainsi se déchirer soi-même,
Leur porter son enfant, seule vie où l'on s'aime,
Seul miroir de ce temps où les yeux sont pleins d'or,
Où le ciel est en nous sans un nuage encor ;
Son enfant ! dont la voix nouvelle et reconnue,
Nous dit : « Je suis ta voix fraîchement revenue. »
Son enfant ! Ce portrait, cette âme, cette voix,
Qui passe devant nous comme on fut une fois ;
Quand on pense qu'il faut s'en détacher vivante.
Lui choisir une cage inconnue et savante,
Le conduire à la porte et dire : « Le voilà !
Prenez, moi je m'en vais… » — C'est Dieu qui veut cela !

Croyez-vous ? Dieu veut donc que noyée en ma peine
Comme cette Madone assise à la fontaine,
Cachée en un vieux saule aux longs cheveux mouillés,
Ne pouvant plus mouvoir mes pieds las et souillés,
Je pleure, et d'un sanglot croyant troubler le monde,
J'appelle mon enfant pour que Dieu me réponde !
Mais la porte est déjà fermée à mon malheur,
Et tout dit à la femme : « Allez à la douleur ! »

J'y vais. Je n'ai rien dit, j'ai salué les maîtres ;
De la grande maison j'ai compté les fenêtres,
Parcouru le jardin sans verdure, sans fleurs.
Oui, c'est bien vrai, l'hiver est la saison des pleurs.
Les miens n'ont pas coulé de mon cœur gros d'alarme ;
J'ai vu partir mon fils sans verser une larme.
Il pâlissait, le pauvre, en me voyant partir !
Je souriais pourtant, j'essayais de mentir.
Dieu ! folle d'un chagrin que rien ne peut décrire,
Pour endurcir son cœur j'essayais de sourire !
Mais aux frissons épars dans mes membres tremblants,
J'ai senti que j'aurai bientôt des cheveux blancs.
Va ! je les aimerai. J'aimais ceux de ma mère.
Jeune encore, ils disaient son lot tendre et sévère,
Ses longs cheveux cendrés que je baisais toujours
Sans savoir que ce fût le livre de ses jours.

Tu baiseras les miens si l'amour me les donne.
Si tu sais où j'ai pris cette grave couronne,
Quand tu vivrais cent ans tu t'en ressouviendras,
Et par delà mes jours, toi, tu les béniras.
L'avait-il pressenti quand furtif, hors d'haleine,
Comme un agneau cherchant sa mère dans la plaine,
Il franchit sans frayeur un vieux mur entr'ouvert
Et bondit, pour m'atteindre, au sentier découvert,
(Tandis que le collège assoupi dans l'étude
L'avait laissé se battre avec la solitude)
Quand ses bras étendus revolèrent vers moi,
Et qu'il cria : « Je veux m'en aller avec toi ! »

Mais à peine arrivé jusqu'à l'eau du rivage,
Qu'ils sont vite accourus l'ôter à mon courage !
Car ils m'ont dit : « Courage ! » en m'arrachant sa main.
Et, sans savoir par où, j'ai repris mon chemin.

Quand on dira toujours que je suis trop heureuse ;
Qu'il aura de l'esprit ; que l'école est nombreuse ;
Que les enfants sont fiers d'y grandir loin de nous ;
Que je devrais bénir mon sort à deux genoux ; …
Ah ! j'y suis, à genoux, car l'angoisse est divine,
Et femme, je murmure, et mère, je m'incline.
Hélas, pour être mère on promet d'obéir,
El mère on n'obéit qu'au risque de mourir !

Vous, du moins, Vierge blanche, immobile et soumise,
Et seule, au bord de l'eau pensivement assise,
Les mains sur votre cœur, et vos yeux sur mes yeux,
Parlez-moi, Vierge mère, oh ! parlez-moi des cieux !
Parlez ! vous qui voyez tout ce que j'ai dans l'âme :
Vous en avez pitié puisque vous êtes femme.
Cet amour des amours qui m'isole en ce lieu,
Ce fut le vôtre ; eh bien, parlez-en donc à Dieu !
Sans reproche, sans bruit, douce reine des mères,
Cachez dans vos pardons mes révoltes amères ;
Couvrez-moi de silence, et relevez mon front
Baissé sous le chagrin comme sous un affront.

Voilà ce qui s'est fait par un jour de Décembre,
Mois sans soleil. Voilà ce que dans cette chambre
Où je n'entends gronder et gémir que mon cœur,
Devant l'heure qui vient et passe avec lenteur,
Je retrace de lui pour m'aider à l'attendre,
Jusqu'au jour, jour de vie ! où je pourrai l'entendre.
Devant mon jeune maître alors je me tairai :
Il parlera… mais moi, je le regarderai !

Rêve intermittent d'une nuit triste

Ô champs paternels hérissés de charmilles
Où glissent le soir des flots de jeunes filles !

Ô frais pâturage où de limpides eaux
Font bondir la chèvre et chanter les roseaux !

Ô terre natale ! à votre nom que j'aime,
Mon âme s'en va toute hors d'elle-même ;

Mon âme se prend à chanter sans effort ;
À pleurer aussi tant mon amour est fort !

J'ai vécu d'aimer, j'ai donc vécu de larmes ;
Et voilà pourquoi mes pleurs eurent leurs charmes.

Voilà, mon pays, n'en ayant pu mourir,
Pourquoi j'aime encore au risque de souffrir.

Voilà, mon berceau, ma colline enchantée,
Dont j'ai tant foulé la robe veloutée,

Pourquoi je m'envole à vos bleus horizons,
Rasant les flots d'or des pliantes moissons.

La vache mugit sur votre pente douce,
Tant elle a d'herbage et d'odorante mousse,

Et comme au repos appelant le passant,
Le suit d'un regard humide et caressant.

Jamais les bergers pour leurs brebis errantes
N'ont trouvé tant d'eau qu'à vos sources courantes.

J'y rampai débile en mes plus jeunes mois,
El je devins rose au souffle de vos bois.

Les bruns laboureurs m'asseyaient dans la plaine
Où les bleds nouveaux nourrissaient mon haleine.

Albertine aussi, sœur des blancs papillons,
Poursuivait les fleurs dans les mêmes sillons ;

Car la liberté toute riante et mûre
Est là, comme aux cieux, sans glaive, sans armure,

Sans peur, sans audace et sans austérité,
Disant : « Aimez-moi, je suis la liberté ! »

Ô patrie absente ! ô fécondes campagnes,
Où vinrent s'asseoir les ferventes Espagnes !

Antiques noyers, vrais maîtres de ces lieux,
Qui versez tant d'ombre où dorment nos aïeux !

Échos tout vibrants de la voix de mon père
Qui chantaient pour tous : « Espère ! espère ! espère ! »

Ce chant apporté par des soldats pieux
Ardents à planter tant de croix sous nos cieux,

Tant de hauts clochers remplis d'airain sonore,
Dont les carillons les rappellent encore :

Je vous enverrai ma vive et blonde enfant,
Qui rit quand elle a ses longs cheveux au vent.

Parmi les enfants nés à votre mamelle,
Vous n'en avez pas qui soit si charmant qu'elle !

Un vieillard a dit en regardant ses yeux :
« Il faut que sa mère ait vu ce rêve aux cieux ! »

En la soulevant par ses blanches aisselles
J'ai cru bien souvent que j'y sentais des ailes !

Ce fruit de mon âme, à cultiver si doux,
S'il faut le céder, ce ne sera qu'à vous !

Du lait qui vous vient d'une source divine
Gonflez le cœur pur de cette frêle ondine.

Le lait jaillissant d'un sol vierge et fleuri
Lui paiera le mien qui fut triste et tari.

Pour voiler son front qu'une flamme environne
Ouvrez vos bluets en signe de couronne :

Des pieds si petits n'écrasent pas les fleurs,
Et son innocence a toutes leurs couleurs.

Un soir, près de l'eau, des femmes l'ont bénie,
Et mon cœur profond soupira d'harmonie.

Dans ce cœur penché vers son jeune avenir
Votre nom tinta prophète souvenir,

Et j'ai répondu de ma voix toute pleine
Au souffle embaumé de votre errante haleine.

Vers vos nids chanteurs laissez-la donc aller ;
L'enfant sait déjà qu'ils naissent pour voler.

Déjà son esprit, prenant goût au silence,
Monte où sans appui l'alouette s'élance,

Et s'isole et nage au fond du lac d'azur
Et puis redescend le gosier plein d'air pur.

Que de l'oiseau gris l'hymne haute et pieuse
Rende à tout jamais son âme harmonieuse !...

Que vos ruisseaux clairs, dont les bruits m'ont parlé,
Humectent sa voix d'un long rythme perlé !...

Avant de gagner sa couche de fougère,
Laissez-la courir, curieuse et légère,

Au bois où la lune épanche ses lueurs
Dans l'arbre qui tremble inondé de ses pleurs,

Afin qu'en dormant sous vos images vertes
Ses grâces d'enfant en soient toutes couvertes.

Des rideaux mouvants la chaste profondeur
Maintiendra l'air pur alentour de son cœur,

Et, s'il n'est plus là, pour jouer avec elle,
De jeune Albertine à sa trace fidèle,

Vis-à-vis les fleurs qu'un rien fait tressaillir
Elle ira danser, sans jamais les cueillir,

Croyant que les fleurs ont aussi leurs familles,
Et savent pleurer comme les jeunes filles.

Sans piquer son front vos abeilles, là-bas,
L'instruiront, rêveuse, à mesurer ses pas ;

Car l'insecte armé d'une sourde cymbale
Donne à la pensée une césure égale.

Ainsi s'en ira, calme et libre et content,
Ce filet d'eau vive au bonheur qui l'attend ;

Et d'un chêne creux la Madone oubliée
La regardera dans l'herbe agenouillée.

Quand je la berçais, doux poids de mes genoux !
Mon chant, mes baisers, tout lui parlait de vous,

Ô champs paternels, hérissés de charmilles
Où glissent, le soir, des flots de jeunes filles.

Que ma fille monte à vos flancs ronds et verts,
Et soyez béni, doux point de l'Univers !

subtle melding of male + female image – think about the poems that precede/succeed this one

Ondine à l'école

Vous entriez, Ondine, à cette porte étroite,
Quand vous étiez petite, et vous vous teniez droite ;
Et quelque long carton sous votre bras passé
Vous donnait on ne sait quel air grave et sensé
Qui vous rendait charmante. Aussi, votre maîtresse
Vous regardait venir, et fière avec tendresse,
Opposant votre calme aux rires triomphants,
Vous montrait pour exemple à son peuple d'enfants ;
Et du nid studieux l'harmonie argentine
Poussait à votre vue : « Ondine ! Ondine ! Ondine ! »
Car vous teniez déjà votre palme à la main,
Et l'ange du savoir hantait votre chemin.

Moi, penchée au balcon qui surmontait la rue,
Comme une sentinelle à son heure accourue,
Je poursuivais des yeux mon mobile trésor,
Et disparue enfin je vous voyais encor.
Vous entraîniez mon âme avec vous, fille aimée,
Et je vous embrassais par la porte fermée.
Quel temps ! De tous ces jours d'école et de soleil
Qui hâtaient la pensée à votre front vermeil,
De ces flots de peinture et de grâce inspirée,
L'âme sort-elle heureuse, ô ma douce lettrée ?
Dites, si quelque femme avec votre candeur
En passant par la gloire est allée au bonheur ?…

Oh ! que vous me manquiez, jeune âme de mon âme !
Quel effroi de sentir s'éloigner une flamme
Que j'avais mise au monde, et qui venait de moi,
Et qui s'en allait seule : Ondine ! quel effroi !

Oui, proclamé vainqueur parmi les jeunes filles,
Quand votre nom montait dans toutes les familles,
Vos lauriers m'alarmaient à l'ardeur des flambeaux :
Ils cachaient vos cheveux que j'avais faits si beaux !
Non, voile plus divin, non, plus riche parure
N'a jamais d'un enfant ombragé la figure.
Sur ce flot ruisselant qui vous gardait du jour

Le poids d'une couronne oppressait mon amour.
Vos maîtres étaient fiers et moi j'étais tremblante ;
J'avais peur d'attiser l'auréole brûlante,
Et, troublée aux parfums de si précoces fleurs,
Vois-tu, j'en ai payé l'éclat par bien des pleurs.
Comprends tout… J'avais vu tant de fleurs consumées !
Tant de mères mourir, de leur amour blâmées !
Ne sachant bien qu'aimer je priais Dieu pour vous,
Pour qu'il te gardât simple et tendre comme nous ;
Et toi tu souriais intrépide à m'apprendre
Ce que Dieu t'ordonnait, ce qu'il fallait comprendre.
Muse, aujourd'hui, dis-nous dans ta pure candeur
Si Dieu te l'ordonnait du moins pour ton bonheur ?

Elle allait s'embarquer encore

Où vas-tu, fille chérie ?
Quelle nouvelle patrie
Entre la terre et les cieux,
Loin de mon aile qui casse
Offre à ton vol tant d'espace
Qu'il te dérobe à mes yeux ?

Prends garde, jeune adorée,
Qui de ma vie ulcérée
Ôtes la plus chère fleur !
Prends garde que ton courage
Ne te soit dans un autre âge
Payé par une douleur !

Car ton courage a des armes
Puissantes contre mes larmes
Qui ne peuvent te parler ;
Mais les larmes d'une mère
Suivent d'une trace amère
L'enfant qui les fait couler.

Ô jeune âme, ô jeune fille,
Qu'attire une autre famille,
Mon souvenir t'y suivra.
Elle t'offre l'abondance,
L'éclat et l'indépendance,
Mais l'amour y manquera.

L'amour, ce ciment des âmes,
Ce pur anneau de deux flammes
Qui luttent contre le vent,
Loin que l'absence l'altère,
Là-bas où finit la terre
Rejoint la mère à l'enfant !

La mère qui pleure

J'ai presque perdu la vue
À suivre le jeune oiseau
Qui, du sommet d'un roseau,
S'est élancé vers la nue.

S'il ne doit plus revenir,
Pourquoi m'en ressouvenir ?

Bouquet vivant d'étincelles
Il descendit du soleil
Éblouissant mon réveil
Au battement de ses ailes.

S'il ne doit plus revenir,
Pourquoi m'en ressouvenir ?

Prompt comme un ramier sauvage,
Après l'hymne du bonheur,
Il s'envola de mon cœur,
Tant il craignait l'esclavage !

S'il ne doit plus revenir,
Pourquoi m'en ressouvenir ?

De tendresse et de mystère
Dès qu'il eut rempli ces lieux,
Il emporta vers les cieux
Tout mon espoir de la terre !

S'il ne doit plus revenir,
Pourquoi m'en ressouvenir ?

Son chant que ma voix prolonge
Plane encor sur ma raison,
Et dans ma triste maison,
Je n'entends chanter qu'un songe.

S'il ne doit plus revenir,
Pourquoi m'en ressouvenir ?

Le jour ne peut redescendre
Dans l'ombre où son vol a lui,
Et pour monter jusqu'à lui
Mes ailes ont trop de cendre.

S'il ne doit plus revenir,
Pourquoi m'en ressouvenir ?

Comme l'air qui va si vite,
Sois libre, ô mon jeune oiseau !
Mais que devient le roseau,
Quand son doux chanteur le quitte !

S'il ne doit plus revenir,
Pourquoi m'en ressouvenir ?

À une mère qui pleure aussi

Qui sait si votre enfant qui flotte dans vos larmes,
Dont votre cœur profond nourrit les jeunes charmes,
(Seul cœur qui de l'oubli le sauve et le défend)
N'a pas, au seuil de Dieu, rencontré mon enfant ?

Qui sait si leurs mains d'ange, un moment réunies,
N'ont pas pesé là-haut nos peines infinies,
Et, pleurant de l'amour qu'on leur garde en ce lieu,
N'ont pas compté nos pleurs pour les offrir à Dieu ?

Qui sait ! Je sais au moins qu'en vous voyant, Madame,
Une tendre nouvelle a rafraîchi mon âme,
Comme si mon enfant, puissante avec douceur,
À mon deuil éternel amenait une sœur.

Si c'est sa volonté, qu'elle soit accomplie !…
Rien ne relèvera notre destin qui plie.
Mais dans le deuil d'amour qui vient de nous lier,
Apprenons qu'il est doux de ne pas oublier !

L'âme errante

Je suis la prière qui passe
Sur la terre où rien n'est à moi ;
Je suis le ramier dans l'espace,
Amour, où je cherche après toi.
Effleurant la route féconde,
Glanant la vie à chaque lieu,
J'ai touché les deux flancs du monde
Suspendue au souffle de Dieu.

Ce souffle épura la tendresse
Qui coulait de mon chant plaintif
Et répandit sa sainte ivresse
Sur le pauvre et sur le captif.
Et me voici louant encore
Mon seul avoir, le souvenir,
M'envolant d'aurore en aurore
Vers l'infinissable avenir.

Je vais au désert plein d'eaux vives
Laver les ailes de mon cœur,
Car je sais qu'il est d'autres rives
Pour ceux qui vous cherchent, Seigneur !
J'y verrai monter les phalanges
Des peuples tués par la faim,
Comme s'en retournent les anges,
Bannis, mais rappelés enfin…

Laissez-moi passer, je suis mère ;
Je vais redemander au sort
Les doux fruits d'une fleur amère
Mes petits volés par la mort.
Créateur de leurs jeunes charmes,
Vous qui comptez les cris fervents,
Je vous donnerai tant de larmes
Que vous me rendrez mes enfants !

Deux mères

À Caroline Branchu.

Une femme pleurait des pleurs d'une autre femme ;
Elles ont leurs secrets qu'elles plaignent toujours.
Celle qui regardait reconnaissait son âme :
Aux plus tendres, dit-on, les plus tristes amours !
L'enfant s'était enfui du toit de la plus pâle ;
Le père avait crié : « Qu'il ne revienne pas ! ».
Et la mère, essayant ce ton sévère et mâle,
S'efforçait de crier : « Qu'il ne revienne… » hélas !

L'autre saisit ses mains, commandant le silence,
Comme on fait au malade aigri qui veut mourir ;
Puis, soulageant ce cœur frappé d'un coup de lance,
Lui dit ces mots sans art pour l'aider à guérir :

Lorsque Dieu descend sur la terre,
Il se cache au cœur d'une mère.

En regardant rouler nos flots.
Penché sur ce monde qu'il aime,
Jésus, triste au fond du ciel même,
Retrouve ses divins sanglots.

Alors, s'il revient sur la terre,
Il se cache au cœur d'une mère.

Lorsque par un volage enfant
Une tendre femme offensée
N'ose dire qui l'a blessée,
C'est que Jésus le lui défend :

Car il est toujours sur la terre
Caché dans le cœur d'une mère.

L'enfant par le monde égaré
Revient-il, tout las de ses charmes,
Un cœur plein d'amour et de larmes
Se rouvre au transfuge adoré.

Car Jésus l'attend sur la terre,
Caché dans le cœur d'une mère.

Durant ce doux conseil que buvait sa douleur,
L'écouteuse essuyait deux larmes incessantes ;
Elle voyait l'espoir passer dans son malheur ;
Elle voyait la mer aux vagues blanchissantes ;
Elle voyait l'enfant emporté sur les flots,
Et la foi dans son sein refoulait ses sanglots.
Au bord de son oreille elle entendait : « Courage ! »
Alors elle ceignit son manteau de voyage,
Et ses longs yeux de mère interrogeant les cieux,
Demandèrent sa route aux vents silencieux.

Il se fit un grand calme au fond de sa blessure ;
On eût dit qu'on l'aidait tant sa marche était sûre ;
Et, se laissant glisser sous la pluie et le vent,
Elle jeta son âme au Dieu de son enfant :

— « Quand les autres m'ont accablée,
Seigneur, vous m'avez consolée !
Je marcherai donc devant moi,
Pleine d'amour, pleine de foi ;
L'orage est en vain sur ma tête,
Vous me parlez dans la tempête ;
Elle menace et Dieu défend :
Dieu ! guidez-moi vers mon enfant.

« Vous êtes le soutien des mères,
Le vengeur des larmes amères ;
On m'a dérobé mon trésor,
Mais vous me le gardez encor.
Dieu ! vous en êtes le seul maître,
Et vous le ferez bien connaître :
Par votre foi qui me défend,
Dieu ! guidez-moi vers mon enfant ! »

Et plus tard l'autre mère à sa fenêtre assise
Tressaillit tout à coup d'une sainte surprise :
Elle voyait venir en lui tendant la main
Une humble voyageuse empressée au chemin.

Sous une tiède lune aux errants favorable,
Lui montrant de ses pleurs le salaire adorable ;
Car un manteau de bure entr'ouvert par le vent
Abritait embrassés la mère avec l'enfant !

De Boulogne, au bord de la mer.

La fiancée du veuf

Épouse aujourd'hui fortunée,
Pour l'épouse aux cieux retournée
Pourquoi pleurez-vous à genoux ?
Qu'a-t-elle besoin de prière ?
Au sein de son Dieu, de son père,
C'est elle qui pleure sur nous.

Inès

Je ne dis rien de toi, toi, la plus enfermée,
Toi, la plus douloureuse, et non la moins aimée !
Toi, rentrée en mon sein, je ne dis rien de toi
Qui souffres, qui te plains, et qui meurs avec moi !

Le sais-tu maintenant, ô jalouse adorée,
Ce que je te vouais de tendresse ignorée ?
Connais-tu maintenant, me Payant emporté,
Mon cœur qui bat si triste et pleure à ton côté ?

1850.

La voix perdue

(Ma fille Inès.)

La jeune fille

Ma mère, entendez-vous, quand la lune est levée,
L'oiseau qui la salue en veillant sa couvée ?
Ne fait-il pas rêver les arbres endormis ?
Pourquoi chante-t-il seul ! Il n'a donc pas d'amis ?

La mère

Il en a ! Des bannis il soulage la route ;
Dans tous ces nids couchés on le bénit sans doute.
Il parle à quelque mère humble et pareille à moi,
À quelque enfant sauvage et charmant comme toi.

La jeune fille

Que je l'aime ! Avec nous que je voudrais le prendre !
Tout ce qu'il chante à Dieu que je voudrais l'apprendre !
Lui, s'il voulait venir, heureux dans notre amour,
Nous lui ferions aimer le monde et le grand jour.

La mère

Il mourrait. Son destin est d'être solitaire ;
De jeter ses sanglots, libre, entre ciel et terre ;
D'attacher sa compagne, humble et pareille à moi,
À son doux nid sauvage et charmant comme toi !
On a dit qu'autrefois, au sein d'une famille,
Il vécut sous un front brûlant de jeune fille.
Cet être harmonieux aimait l'ombre et les fleurs ;
Nul ne pouvait l'entendre et retenir ses pleurs.
Rossignol, il chantait aux errantes étoiles ;
Jeune fille, il pleurait, dérobé sous ses voiles.

La jeune fille

Et la mère ?

La mère

Était tendre et fière autant que moi
De son enfant sauvage et charmant comme toi !

La jeune fille

Après ?…

La mère

De ce front pâle où frissonnaient ses ailes
L'oiseau voulait sortir et s'envoler par elles.
Un jour, forçant le voile où gémissait sa voix,
Il emporta le timbre et s'enfuit dans les bois.

La jeune fille

Après ?…

La mère

L'enfant rêveur n'aima plus qu'en silence,
Cherchant toujours le saule où l'oiseau se balance.

La jeune fille

Et la mère ?

La mère

Suivit, tendre et pareille à moi,
Son doux enfant muet et charmant comme toi !

Foi

Tristesse

Si je pouvais trouver un éternel sourire,
Voile innocent d'un cœur qui s'ouvre et se déchire,
Je l'étendrais toujours sur mes pleurs mal cachés
Et qui tombent souvent par leur poids épanchés.

Renfermée à jamais dans mon âme abattue,
Je dirais : « Ce n'est rien » à tout ce qui me tue,
Et mon front orageux, sans nuage et sans pli,
Du calme enfant qui dort peindrait l'heureux oubli.

Dieu n'a pas fait pour nous ce mensonge adorable,
Le sourire défaille à la plaie incurable :
Cette grâce mêlée à la coupe de fiel,
Dieu mourant l'épuisa pour l'emporter au ciel.

Adieu, sourire ! Adieu jusque dans l'autre vie,
Si l'âme, du passé n'y peut être suivie ;
Mais si de la mémoire on ne doit pas guérir,
À quoi sert, ô mon âme, à quoi sert de mourir ?

Refuge

Il est du moins au-dessus de la terre
Un champ d'asile où monte la douleur ;
J'y vais puiser un peu d'eau salutaire
Qui du passé rafraîchit la couleur.
Là seulement ma mère encor vivante
Sans me gronder me console et m'endort ;
Ô douce nuit, je suis votre servante :
Dans votre empire on aime donc encor !

Non, tout n'est pas orage dans l'orage ;
Entre ses coups, pour desserrer le cœur,
Souffle une brise, invisible courage,
Parfum errant de l'éternelle fleur !
Puis c'est de l'âme une halte fervente,
Un chant qui passe, un enfant qui s'endort.
Orage, allez ! je suis votre servante :
Sous vos éclairs, Dieu me regarde encor !

Béni soit Dieu puisqu'après la tourmente,
Réalisant nos rêves éperdus,
Vient des humains l'infatigable amante
Pour démêler les fuseaux confondus !
Fidèle mort ! Si simple, si savante !
Si favorable au souffrant qui s'endort !
Me cherchez-vous ? Je suis votre servante :
Dans vos bras nus l'âme est plus libre encor !

Retour dans une église

Église ! église où de mon âme,
Moitié de pleurs, moitié de flamme,
Et prompt comme l'eau de la mer,
Coula le flot le plus amer ;

Église où ma jeunesse blonde,
Craintive ensemble et vagabonde,
Attirée aux chants du saint lieu,
N'accourait pas toute vers Dieu !

Église, où chaque dalle usée,
D'un tendre poids scandalisée,
Dénonça deux ans, jour par jour,
Des pas que rejoignait l'amour !

Église où mon heure allait vite
Pour rencontrer à l'eau bénite
Une autre âme que j'y voyais,
Une main qu'ailleurs je fuyais !

Église vainement austère
Où le doux encens de la terre,
Ruisselant sur mes longs cheveux
Égarait le cours de mes vœux ;

Église où mon humble famille,
Moins morte aux soupirs de sa fille,
Planait sur mon sort combattu
Et criait dans l'air : « Que veux-tu ? »

Le savais-je, ô Dieu de mon père !
Où va-t-on vers ce qu'on espère ?
Où fuit-on l'ombre de ses pas ?...
Dieu ! savais-je où l'on n'aime pas !

Dieu des larmes, le sais-je encore ?
Je n'ai su qu'un mal qui dévore,
Un mal dont on n'ose souffrir,
Ni vivre, ô mon Dieu, ni mourir.

Église, église, ouvrez vos portes,
Et vos chaînes douces et fortes
Aux élancements de mon cœur
Qui frappe à la grille du chœur.

Ouvrez ! Je ne suis plus suivie
Que par moi-même et par la vie
Qui fait chanceler sous son poids
Mon âme et mon corps à la fois.

Ouvrez ! je suis triste et blessée,
Seule sous mon aile abaissée ;
Il n'est plus de pas sur mes pas,
Ni d'âme qui me parle bas.

Ouvrez ! à mon sort sans patrie,
Flottant comme une algue flétrie ;
Des deux voix tendres d'autrefois,
Vous n'entendrez plus qu'une voix !

Quand je pense à ma mère

evocation of the Poets deceased mother

Ma mère est dans les cieux, les pauvres l'ont bénie ;
Ma mère était partout la grâce et l'harmonie.

Jusque sur ses pieds blancs, sa chevelure d'or
Ruisselait comme l'eau, Dieu ! j'en tressaille encor !

Et quand on disait d'elle : « Allons voir la Madone, »
Un orgueil m'enlevait, que le ciel me pardonne !

Ce tendre orgueil d'enfant, ciel ! pardonnez-le-nous :
L'enfant était si bien dans ses chastes genoux !

C'est là que j'ai puisé la foi passionnée
Dont sa famille errante est toute sillonnée.

Mais jamais ma jeune âme en regardant ses yeux,
Ses doux yeux même en pleurs, n'a pu croire qu'aux cieux !

Et quand je rêve d'elle avec sa voix sonore,
C'est au-dessus de nous que je l'entends encore.

Oui, vainement ma mère avait peur de l'enfer,
Ses doux yeux, ses yeux bleus n'étaient qu'un ciel ouvert.

Oui, Rubens eût choisi sa beauté savoureuse
Pour montrer aux mortels la vierge bienheureuse.

Sa belle ombre qui passe à travers tous mes jours,
Lorsque je vais tomber me relève toujours.

Toujours, entre le monde et ma tristesse amère,
Pour m'aider à monter je vois monter ma mère !

Ah ! l'on ne revient pas de quelque horrible lieu,
Et si tendre, et si mère, et si semblable à Dieu !

On ne vient que d'en-haut si prompte et si charmante
Apaiser son enfant dont l'âme se lamente.

Et je voudrais lui rendre aussi l'enfant vermeil
La suivant au jardin sous l'ombre et le soleil ;

Ou, couchée à ses pieds, sage petite fille,
La regardant filer pour l'heureuse famille.

Je voudrais, tout un jour oubliant nos malheurs,
La contempler vivante au milieu de ses fleurs !

Je voudrais, dans sa main qui travaille et qui donne,
Pour ce pauvre qui passe aller puiser l'aumône.

Non, Seigneur ! sa beauté, si touchante ici-bas,
De votre paradis vous ne l'exilez pas !

Ce soutien des petits, cette grâce fervente
Pour guider ses enfants si forte, si savante,

Vous l'avez rappelée où vos meilleurs enfants
Respirent à jamais de nos jours étouffants.

Mais moi je la voulais pour une longue vie
Avec nous et par nous honorée et suivie,

Comme un astre éternel qui luit sans s'égarer
Que des astres naissants suivent pour s'éclairer.

Je voulais jour par jour, adorante et naïve,
Vous contempler, Seigneur, dans cette clarté vive…

Elle a passé ! Depuis, mon sort tremble toujours,
Et je n'ai plus de mère où s'attachent mes jours.

Les sanglots

À Pauline Duchambge.

Ah ! l'enfer est ici ; l'autre me fait moins peur :
Pourtant le purgatoire inquiète mon cœur.

On m'en a trop parlé pour que ce nom funeste
Sur un si faible cœur ne serpente et ne reste ;

Et quand le flot des jours me défait fleur à fleur,
Je vois le purgatoire au fond de ma pâleur.

S'ils ont dit vrai, c'est là qu'il faut aller s'éteindre,
Ô Dieu de toute vie, avant de vous atteindre !

C'est là qu'il faut descendre et sans lune et sans jour,
Sous le poids de la crainte et la croix de l'amour,

Pour entendre gémir les âmes condamnées,
Sans pouvoir dire : « Allez, vous êtes pardonnées ! »

Sans pouvoir les tarir, ô douleur des douleurs !
Sentir filtrer partout les sanglots et les pleurs ;

Se heurter dans la nuit des cages cellulaires
Que nulle aube ne teint de ses prunelles claires ;

Ne savoir où crier au sauveur méconnu :
« Hélas ! mon doux Sauveur, n'étiez-vous pas venu ? »

Ah ! j'ai peur d'avoir peur, d'avoir froid ; je me cache
Comme un oiseau tombé qui tremble qu'on l'attache.

Je rouvre tristement mes bras au souvenir…
Mais c'est le purgatoire et je le sens venir !

C'est là que je me rêve après la mort menée,
Comme une esclave en faute au bout de sa journée,

Cachant sous ses deux mains son front pâle et flétri,
Et marchant sur son cœur par la terre meurtri.

C'est là que je m'en vais au devant de moi-même,
N'osant y souhaiter rien de tout ce que j'aime.

Je n'aurai donc plus rien de charmant dans le cœur
Que le lointain écho de leur vivant bonheur.

Ciel ! où m'en irai-je
Sans pieds pour courir !
Ciel ! où frapperai-je
Sans clé pour ouvrir ?

Sous l'arrêt éternel repoussant ma prière
Jamais plus le soleil n'atteindra ma paupière,

Pour l'essuyer du monde et des tableaux affreux
Qui font baisser partout mes regards douloureux.

Plus de soleil ! Pourquoi ? Cette lumière aimée
Aux méchants de la terre est pourtant allumée.

Sur un pauvre coupable à l'échafaud conduit
Comme un doux : « Viens à moi ! » l'orbe s'épanche et luit.

Plus de feu nulle part ! Plus d'oiseaux dans l'espace !
Plus d'Ave Maria dans la brise qui passe,

Au bord des lacs taris plus un roseau mouvant,
Plus d'air pour soutenir un atome vivant.

Ces fruits que tout ingrat sent fondre sous sa lèvre,
Ne feront plus couler leur fraîcheur dans ma fièvre ;

Et de mon cœur absent qui viendra m'oppresser
J'amasserai les pleurs sans pouvoir les verser.

Ciel ! où m'en irai-je
Sans pieds pour courir ?
Ciel ! où frapperai-je
Sans clef pour ouvrir ?

Plus de ces souvenirs qui m'emplissaient de larmes,
Si vivants que toujours je vivrais de leurs charmes ;

Plus de famille au soir assise sur le seuil,
Pour bénir son sommeil chantant devant l'aïeul ;

Plus de timbre adoré dont la grâce invincible
Eût forcé le néant à devenir sensible !

Plus de livres divins comme effeuillés des cieux,
Concerts que tous mes sens écoutaient par mes yeux.

Ainsi, n'oser mourir quand on n'ose plus vivre,
Ni chercher dans la mort un ami qui délivre !

Ô parents ! pourquoi donc vos fleurs sur nos berceaux,
Si le ciel a maudit l'arbre et les arbrisseaux ?

Ciel ! où m'en irai-je
Sans pieds pour courir ?
Ciel ! où frapperai-je
Sans clé pour ouvrir ?

Sans la croix qui s'incline à l'âme prosternée,
Punie après la mort du malheur d'être née !

Mais quoi, dans cette mort qui se sent expirer,
Si quelque cri lointain me disait d'espérer !

Si dans ce ciel éteint quelque étoile pâlie
Envoyait sa lueur à ma mélancolie !

Sous ses arceaux tendus d'ombre et de désespoir,
Si des yeux inquiets s'allumaient pour me voir !

Ah ! ce serait ma mère intrépide et bénie
Descendant réclamer sa fille assez punie !

Oui ! ce sera ma mère ayant attendri Dieu,
Qui viendra me sauver de cet horrible lieu,

Et relever au vent de la jeune espérance
Son dernier fruit tombé mordu par la souffrance.

Je sentirai ses bras si doux, si beaux, si forts,
M'étreindre et m'enlever dans ses puissants efforts ;

Je sentirai couler dans mes naissantes ailes
L'air pur qui fait monter les libres hirondelles,

Et ma mère en fuyant pour ne plus revenir
M'emportera vivante à travers l'avenir !

Mais, avant de quitter les mortelles campagnes,
Nous irons appeler des âmes pour compagnes.

Au fond du champ funèbre où j'ai mis tant de fleurs,
Nous abattre aux parfums qui sont nés de mes pleurs ;

Et nous aurons des voix, des transports et des flammes,
Pour crier : « Venez-vous ! » à ces dolentes âmes.

« Venez-vous vers l'été qui fait tout refleurir
Où nous allons aimer sans pleurer, sans mourir !

Venez, venez voir Dieu ! nous sommes ses colombes ;
Jetez-là vos linceuls, les cieux n'ont plus de tombes ;

Le sépulcre est rompu par l'éternel amour :
Ma mère nous enfante à l'éternel séjour ! »

Une nuit de mon âme

Par un rêve dont la flamme
Éclairait mes yeux fermés,
La nuit emporta mon âme
Où dorment nos morts aimés.
Sous ma fervente lumière
Le sol tressaille et se fend,
Et je ressaisis ma mère
Qui renaît pour son enfant !

« Tu viens donc ! » dit la chère ombre
Dont la voix m'ouvre le cœur ;
« Tu sais donc qu'en ce lieu sombre
Tout spectre attend le bonheur ?
Viens, ne crains pas leur silence
Ni leurs yeux ouverts sans voir,
Le sommeil qui les balance
N'a de vivant que l'espoir.

L'espoir, ô ma bien-aimée,
Sève qui remonte à Dieu,
Vigne errante et parfumée
Qui fleurit, même en ce lieu ;
L'espoir, cette étreinte immense
Qui joint tous les univers,
Ne sens-tu pas qu'il commence
D'unir au moins nos revers ?

Comme aux chaleurs d'une serre
L'homme fait germer ses fleurs,
Le trépas qui nous enserre
Ici fait germer nos cœurs.
À travers le dernier voile
Tendu sur l'autre avenir
Nous voyons la double étoile
De l'aube et du souvenir.

Que de sources éternelles
Dans ces lointains toujours beaux !
Que d'arbres aux fleurs nouvelles
Sur ces routes sans tombeaux !
Vois que d'immortelles vies
Te recevront avec moi :
Vois que de mères suivies
D'enfants aimés comme toi !

Sous une forme reprise
Et qui nous ressemblera,
Avec un cri de surprise
Chacun se reconnaîtra.
« Quoi, c'est lui ! c'est toi ! c'est elle ! »
Retentira de partout,
Et l'on proclamera belle
La mort vivante et debout !

Jette donc loin tes colères
Contre d'innocents ingrats ;
Le flambeau dont tu t'éclaires
Te voit si tendre en mes bras.
Cesse d'essayer la haine,
Faite pour la mépriser :
C'est perdre à river ta chaîne
La force de la briser.

Adieu, fille de mes larmes,
Revue à force d'amour,
Quand le temps rompra ses armes,
Tu me suivras au grand jour.
À ton épreuve asservie,
Va plaindre les plus souffrants,
Et pour gagner l'autre vie,
Retourne avec les mourants. »

L'ombre alors pressa ma lèvre
D'un baiser lent et profond
Qui d'une indicible fièvre
Fait encore battre mon front.
Montez, mon humble courage.

Sous les insultes du sort :
J'irai plus haut que l'orage
Dans les ailes de la mort !

Les prisons et les prières

Pleurez : comptez les noms des bannis de la France ;
L'air manque à ces grands cœurs où brûle tant d'espoir.
Jetez la palme en deuil, au pied de leur souffrance ;
Et passons : les geôliers seuls ont droit de les voir !
Passons : nos bras pieux sont sans force et sans armes ;
Nous n'allons point traînant de fratricides vœux ;
Mais, femmes, nous portons la prière et les larmes,
Et Dieu, le Dieu du peuple en demande pour eux.
Voyez vers la prison glisser de saintes âmes ;
Salut ! vous qui cachez vos ailes ici-bas ;
Sous vos manteaux mouillés et vos pâleurs de femmes,
Que de cendre et de boue ont entravé vos pas !
Salut ! vos yeux divins rougis de larmes vives
Reviennent se noyer dans ce monde étouffant ;
Vous errez, comme alors, au Jardin des Olives ;
Car le Christ est en peine et Judas triomphant.
Oui, le Christ est en peine ; il prévoit tant de crimes !
Lui dont les bras cloués ont brisé tant de fers !
Il revoit dans son sang nager tant de victimes,
Qu'il veut mourir encor pour fermer les enfers !
Courez, doux orphelins, montez dans la balance ;
Priez pour les méchants qui vivent sans remords ;
Rachetez les forfaits des pleurs de l'innocence,
Et dans un flot amer lavez nos pauvres morts !
Et nous, n'envoyons plus à des guerres impies
Nos fils adolescents et nos drapeaux vainqueurs ;
Avons-nous amassé nos pieuses charpies
Pour les baigner du sang le plus pur de nos cœurs ?
Pitié ! nous n'avons plus le temps des longues haines :
La haine est basse et sombre ; il fait jour ! il fait jour !
Ô France ! il faut aimer, il faut rompre des chaînes,
Ton Dieu, le Dieu du peuple a tant besoin d'amour !

Au citoyen Raspail

Comme l'ardent mineur ensevelit sous terre
De ses yeux patients les rayons purs et chauds,
Brûle ta lampe au ciel, martyr humanitaire,
Toi dont le laurier d'or croît au fond des cachots.
Quand ressuscitera ta jeunesse engloutie,
Tes radieux regards plongeant dans l'avenir,
Rallumés au soleil de l'immense *patrie*,
Heureux d'avoir pleuré, n'auront plus qu'à bénir.

La couronne effeuillée

J'irai, j'irai porter ma couronne effeuillée
Au jardin de mon père où revit toute fleur ;
J'y répandrai longtemps mon âme agenouillée :
Mon père a des secrets pour vaincre la douleur.

J'irai, j'irai lui dire, au moins avec mes larmes :
« Regardez, j'ai souffert... » il me regardera,
Et sous mes jours changés, sous mes pâleurs sans charmes,
Parce qu'il est mon père il me reconnaîtra.

Il dira : « C'est donc vous, chère âme désolée !
La terre manque-t-elle à vos pas égarés ?
Chère âme, je suis Dieu : ne soyez plus troublée ;
Voici votre maison, voici mon cœur, entrez ! »

Ô clémence ! ô douceur ! ô saint refuge ! ô Père !
Votre enfant qui pleurait vous l'avez entendu !
Je vous obtiens déjà puisque je vous espère
Et que vous possédez tout ce que j'ai perdu.

Vous ne rejetez pas la fleur qui n'est plus belle,
Ce crime de la terre au ciel est pardonné.
Vous ne maudirez pas votre enfant infidèle,
Non, d'avoir rien vendu, mais d'avoir tout donné.

Renoncement

Pardonnez-moi, Seigneur, mon visage attristé,
Vous qui l'aviez formé de sourire et de charmes ;
Mais sous le front joyeux vous aviez mis les larmes,
Et de vos dons, Seigneur, ce don seul m'est resté.

C'est le moins envié, c'est le meilleur peut-être :
Je n'ai plus à mourir à mes liens de fleurs.
Ils vous sont tous rendus, cher auteur de mon être,
Et je n'ai plus à moi que le sel de mes pleurs.

Les fleurs sont pour l'enfant, le sel est pour la femme
Faites-en l'innocence et trempez-y mes jours.
Seigneur, quand tout ce sel aura lavé mon âme,
Vous me rendrez un cœur pour vous aimer toujours !

Tous mes étonnements sont finis sur la terre,
Tous mes adieux sont faits, l'âme est prête à jaillir ;
Pour atteindre à ses fruits protégés de mystère
Que la pudique mort a seule osé cueillir.

Ô Sauveur ! Soyez tendre au moins à d'autres mères,
Par amour pour la vôtre et par pitié pour nous !
Baptisez leurs enfants de nos larmes amères,
Et relevez les miens tombés à vos genoux.

Que mon nom…

Que mon nom ne soit rien qu'une ombre douce et vaine ;
Qu'il ne cause jamais ni l'effroi ni la peine ;
Qu'un indigent l'emporte après m'avoir parlé
Et le garde longtemps dans son cœur consolé !

Enfants et jeunes filles

Pour endormir l'enfant

Ah ! si j'étais le cher petit enfant
Qu'on aime bien, mais qui pleure souvent,
        Gai comme un charme,
        Sans une larme,
J'écouterais chanter l'heure et le vent…
(Je dis cela pour le petit enfant).

Si je logeais dans ce mouvant berceau,
Pour mériter qu'on m'apporte un cerceau,
        Je serais sage
        Comme une image,
Et je ferais moins de bruit qu'un oiseau…
(Je dis cela pour l'enfant du berceau).

Ah ! si j'étais notre blanc nourrisson,
Pour qui je fais cette belle chanson,
        Tranquille à l'ombre,
        Comme au bois sombre,
Je rêverais que j'entends le pinson…
(Je dis cela pour le blanc nourrisson).

Ah ! si j'étais l'ami des blancs poussins
Dormant entre eux, doux et vivants coussins
        Sans que je pleure,
        J'irais sur l'heure
Faire chorus avec ces petits saints…
(Je dis cela pour l'ami des poussins).

Si le cheval demandait à nous voir,
Riant d'aller nager à l'abreuvoir,
        Fermant le gîte,
        Je crîrais vite :
« Demain l'enfant pourra vous recevoir »…
(Je dis cela pour l'enfant qu'il vient voir).

Si j'entendais les loups hurler dehors,
Bien défendu par les grands et les forts,
        Fier comme un homme
        Qui fait un somme,
Je répondrais : « Passez, Messieurs, je dors !… »
(Je dis cela pour les loups du dehors).

On n'entendit plus rien dans la maison,
Ni le rouet, ni l'égale chanson ;
        La mère ardente,
        Fine et prudente,
Fit l'endormie auprès de la cloison,
Et suspendit tout bruit dans la maison.

(Sur une mélodie allemande.)

Selon Dieu

Mère, un cheval est à la porte :
Il demande la charité.
— Vite, du foin, qu'on le lui porte ;
Il en sera réconforté.
   Cheval, dis à Dieu, notre maître,
   Qu'avec joie et sans te connaître,
   Et nourris de sa charité,
   Nous t'avons bien réconforté.

Mère, un ramier est à la porte :
Il demande la charité.
— J'ai là du bled, qu'on le lui porte ;
Il en sera réconforté.
   Ramier, dis à Dieu, notre maître,
   Qu'avec joie et sans le connaître,
   Et nourris de sa charité,
   Nous t'avons bien réconforté.

Mère, un enfant est à la porte :
Il demande la charité.
— Tout notre lait, qu'on le lui porte :
Il en sera réconforté.
   Enfant, dis à Dieu, notre maître,
   Qu'avec joie et sans te connaître,
   Et nourris de sa charité,
   Nous t'avons bien réconforté.

Mère, un vieillard est à la porte :
Il demande la charité.
— Du vin, du vin, qu'on le lui porte ;
Il en sera réconforté.
   Vieillard, dis à Dieu, notre maître,
   Qu'avec joie et sans te connaître,
   Et nourris de sa charité,
   Nous t'avons bien réconforté.

Mère, un coupable est à la porte :
Il demande la charité.
— Ce manteau blanc, qu'on le lui porte ;
Nous l'aurons réhabilité.
    Ami, dis à Dieu, notre maître,
    Qu'avec joie et sans te connaître,
    Et brûlants de sa charité,
    Nous t'avons réhabilité.

Aux nouveaux-nés heureux

Petits enfants heureux, que vous savez de choses,
En naissant !
On dirait qu'on entend s'entreparler des roses,
Et que vous racontez votre ciel au passant.

Vos rires sont vainqueurs en buvant de vos mères
Le doux lait,
Vous qui ne sentez pas que des larmes amères
Coulent dans ce nectar tiède et blanc qui vous plaît.

Ah ! c'est pourtant ainsi, mes charmants camarades,
Mais buvez !
La source où vous puisez d'abondantes rasades
Ne peut vivre et courir qu'autant que vous vivez.

Buvez ! délectez-vous sans labeur et sans honte,
Car un jour
Le sort qui reprend tout vous demandera compte
De ce lait qu'une mère offre avec tant d'amour !

Buvez ! En étreignant cette femme penchée
Sur son fruit,
C'est la vigne céleste à la terre attachée
Dont la sève s'épanche éternelle et sans bruit.

Aux nouveaux-nés partis

Vous qui n'avez jamais parlé
Dans notre monde désolé,
N'apprenez pas la langue austère
Ni les durs sanglots de la terre.

Envolez-vous, mais, par pitié,
De nos pleurs portez la moitié
Dans le manteau bleu de la Vierge,
Et nous brûlerons un beau cierge
Au pied de votre blanc berceau,
Pour que l'arbre et son arbrisseau
Revivent aux montagnes pures,
Loin des autans, loin des souillures,

Loin de ce monde désolé,
Où vous n'avez jamais parlé.

Le petit mécontent

Mère, je veux crier et faire un grand tapage.
Comment, je ne peux pas tous les jours être sage !
Non, mère, c'est trop long tous les jours, tous les jours !
Le monsieur l'a bien dit : « Rien ne dure toujours. »
Tant mieux ! je vais m'enfuir et crier comme George.
Qui m'en empêchera ?
— Personne. À pleine gorge,
Vous pouvez, cher ami, vous donner ce régal.
Mais vous serez malade…
— Oh ! cela m'est égal :
George ne meurt jamais.
— George afflige sa mère.
Un enfant mal appris est une joie amère.
— Je reviendrai t'aimer.
— M'aimer sans m'obéir ?
Déserter ton devoir, enfant, c'est me trahir.
Je crains, moi, qu'avant peu personne ne vous aime,
Et vous vous ferez peur tout seul avec vous-même.
— Non ! George n'a pas peur dans le cabinet noir.
Il dit que c'est tout brun comme quand c'est le soir ;
Pas plus. Et puis il chante à travers la serrure ;
Il se moque des grands, il fait le coq, il jure.
C'est brave de chanter sans jour et sans flambeau !
Je veux être méchant pour voir.
— Ce sera beau !
— Je veux être grondé : gronde donc.
— Pourquoi faire ?
Vous me faites pitié.
— Je suis las de me taire !
J'ai cassé mon cheval ; j'ai mis de l'encre à tout ;
Regarde ma figure !
— Oui, c'est laid jusqu'au bout.
Mais qui vous a donné ce faux air de courage ?
Hier encor, priant Dieu qu'il vous rendît bien sage,
Vous vouliez ressembler à notre vieux cousin.
— Je n'avais pas été chez le petit voisin.
Il bat des pieds très bien quand on le contrarie ;
Il ne dit pas bonjour, même quand on l'en prie !…

Ah ! ah ! c'est qu'on est fier d'être mis en prison !
— Beaucoup de grands enfants y perdent la raison.
Pour leurs mères surtout c'est une triste gloire !
Restez libre et soumis, si vous voulez m'en croire.
Moi, je n'ai point de cage où mettre mon enfant ;
Pas même les oiseaux, mon cœur me le défend.
Vous n'obtiendrez de moi ni prison, ni colère,
Et j'attendrai, de loin, que le temps vous éclaire.
— De loin ?
— Battez des pieds, poussez des cris affreux,
Devenez comme George un petit malheureux,
Vous en aurez la honte au grand jour.
— Quelle honte ?
George rit ; je rirai…
— Nous voici loin de compte.
Si vous ne craignez pas de rougir devant Dieu,
Il faudra, mon enfant, bientôt nous dire adieu.
À vivre sans honneur, moi, je ne puis prétendre,
El si vous n'étiez pas ma gloire la plus tendre,
À la mère de George il faudrait ressembler.
— Oh ! non, ressemble-toi !
— Son sort me fait trembler.
Loin de la saluer, quand cette femme passe,
On se détourne d'elle, on lui fait de l'espace,
On va de porte en porte en chuchotant tout bas :
« Elle a gâté son fruit, ne la saluons pas ! »
Le fruit accuse l'arbre, et l'on juge, et le blâme
Tombera sur la mère et non sur la jeune âme
Qu'elle a laissé corrompre. On est plein de rigueur.
— Que dit-on de la dame ?
— On dit qu'elle est sans cœur.
Voyez comme elle est triste au fond de sa faiblesse !
Le monde la méprise et son enfant la blesse !
Ô mère humiliée en votre unique amour,
Je vous plaignis souvent : me plaindrez-vous un jour ?
— Pardon !… je ne veux pas te voir humiliée…
Pardon ! pardon ! Je veux que tu sois saluée !
Mère, je serai bon comme le vieux cousin !
Mère, je n'irai plus chez le petit voisin ! »

La mère tressaillit dans une vive étreinte ;
L'enfant ne cria plus ; il fut bon sans contrainte.
Et quand on saluait cette mère en chemin,
Il rougissait de joie et lui serrait la main !

Le petit brutal

J'ai vu bien des enfants mal éclos dans ma vie ;
J'en ai tant vu, tant vu que les yeux m'en font mal !
Mais ils valaient de l'or près du petit brutal
Qui, de ne pas l'aimer, me donnerait l'envie.

Il faut aimer pourtant : que faire de son cœur ?
Quand il serait encor plus hardi, plus moqueur,
Il faut en le grondant lui faire une caresse
El le changer peut-être à force de tendresse.
Gronder n'est pas si beau.
— « Viens donc, mon pauvre enfant,
Ma raison te pardonne et mon cœur te défend.
La malice est un dard que l'indulgence émousse.
Bonjour ! Prends cette orange… Elle est mûre, elle est douce ;
Fais-en ce que tu veux ; je la gardais pour toi :
Un jour, pour quelque enfant tu feras comme moi.
Tu ne dis pas merci ?
— Non.
— Pourquoi donc ?
— Je mange.
— Et tu ne m'aimes pas un peu ?
— J'aime l'orange.
— Tu n'es pas dans ton tort. Mais poursuis ton chemin
Sois libre comme l'air.
— Je t'aimerai demain.
— Je le sais mieux que toi, ton regard me l'assure ;
Comme un petit serpent tu guéris ta morsure.
. . . .
— Je n'aime pas le grand qui me fait de grands yeux,
El qui lève toujours sa canne sur ma tête.
C'est un laid, c'est un noir, c'est une grosse bête !
Quand il sera petit et que je serai grand,
Nous verrons !
— Ne peux-tu l'éviter en courant ;
Et le laisser partir sans que tu te déranges ?
On se distrait d'ailleurs en mangeant des oranges.
C'est si bon, d'être bon, d'être gai, franc, loyal,
Et d'être pardonné quand on a fait le mal !

Dieu m'a traitée ainsi lorsque j'étais méchante :
Cette bonté toujours me rend bonne et m'enchante !
— Vous avez donc crié ?
— Tais-toi, c'était affreux !
Et les petits enfants se regardaient entre eux.
J'arrachais les fruits verts, je marchais sur les roses ;
Je faisais, comme toi, de très vilaines choses.
Et l'on me détestait.
— C'est drôle !
— C'est bien plus,
C'est bête, et l'on s'en moque aux livres que j'ai lus.
Lis-tu beaucoup ?
— Jamais ! Je déchire la page.
Quand vous étiez méchante, aimiez-vous le tapage ?
— À t'en donner l'horreur. Tu verras !
— Je verrai.
— Viens, nous en causerons comme amis.
— Je viendrai,
Mais quand ?
— À la belle heure avec toi reparue.
— Ah ! c'est que j'ai beaucoup d'affaires dans la rue !
— Ne te gêne donc pas et viens quand tu voudras.
Je me confesserai : toi, tu me jugeras. »

Il vint, et de lui-même ouvrant d'un coup la porte
Il y passait sa tête aimable ou non, n'importe,
Et tenté par un charme, une histoire, un doux fruit,
Il oubliait de battre et de faire du bruit.

Le nuage et l'enfant

L'enfant disait au nuage :
« Attends-moi jusqu'à demain,
Et par le même chemin
Nous nous mettrons en voyage.

« Toi, sous tes belles lueurs ;
Moi, dans les champs pleins de fleurs,
Sur le cheval de mon père :
Nous irons vite, j'espère !

« Je m'y tiens bien, tu verras !
J'y monte seul à la porte ;
Et quand mon père m'emporte,
Je n'ai pas peur dans ses bras.

« Quand il fait beau, comme un guide,
En tête il me fait asseoir ;
Toi, d'en haut tu pourrais voir
Comme je tiens bien la bride !

« Ah ! je voudrais d'ici là
Ne faire qu'une enjambée
Sur la nuit toute tombée,
Pour te dire : Me voilà !

« Mais je vais faire un beau rêve
Où je rêverai de toi ;
Jusqu'à ce que Dieu l'achève,
Ami nuage, attends-moi !

⁂

Comme il jetait les paroles
De ses espérances folles,
Le nuage décevant
Glissait, poussé par le vent.

Pourtant le bambin sautille,
L'oiseau chante, l'eau scintille,
Et l'écho lui sonne au cœur :
« Demain ! demain ! quel bonheur ! »

Enfin le soleil se couche
Et son baiser qui le touche
D'un voile ardent clôt ses yeux
Qu'il tenait ouverts aux cieux.

Près de rentrer chez sa mère,
Au voyageur éphémère
L'enfant veut parler encor,
Mais le beau fantôme d'or

N'est plus qu'une vapeur grise
Qu'avec un cri de surprise,
L'enfant qu'il vient d'éblouir
Voit fondre et s'évanouir.

Au cri de la petite âme,
S'est élancée une femme
Qui, le voyant sauf et sain,
Boudeur l'emporte à son sein.

Plaintif, le mignon s'y cache,
Déclarant ce qui le fâche,
Que, sans son bel étranger,
Il ne veut plus voyager !

« Si tu chéris les nuages,
Mon amour, pour tes voyages
Le temps en aura toujours ;
Il en passe tous les jours.

— Ce ne sera plus le même,
Celui-là, mère, je l'aime ! »
Dit l'enfant, puis il pleura…
Et la femme soupira.

Juin 1848.

Ouvrez aux enfants

Les enfants sont venus vous demander des roses,
Il faut leur en donner.
— Mais les petits ingrats détruisent toutes choses…
— Il faut leur pardonner.

Tout printemps est leur fête et tout jardin leur table ;
Qu'ils prennent à loisir !
Ils nous devront du moins, souvenir délectable !
D'avoir eu du plaisir !

Demain nous glanerons les roses répandues,
Trésor du jardin vert ;
Ces haleines d'été ne seront pas perdues
Pour embaumer l'hiver.

Ouvrez donc aux enfants qui demandent des roses :
Il faut leur en donner ;
Et si l'instinct les pousse à briser toutes choses,
Il faut leur pardonner !

La prière des orphelins

Voix d'enfants, ô voix qui chantez,
Dites-nous vers qui vous montez ?

— « Nous cherchons Dieu qui nous rassemble,
Dieu qui nous donna votre appui,
Et pour arriver jusqu'à lui
Nous mêlons nos souffles ensemble.
Dieu ! qui soutenez le roseau,
Dieu qui donnez l'aile à l'oiseau,
Donnez l'âme à notre prière
Pour qu'elle monte à vous, mon père ! »

Voix d'enfants, ô voix qui pleurez,
Dites-nous qui vous implorez ?

— « Nous pleurons pour l'enfant sans mère
Que nous voyons errer là-bas ;
Nous voulons un guide à ses pas,
Un refuge à sa vie amère.
Dieu, qui soutenez le roseau,
Dieu, qui donnez l'aile à l'oiseau,
Donnez l'âme à notre prière,
Pour qu'elle vous plaise, ô mon père ! »

Voix sans audace et sans frayeur,
Que demandez-vous au Seigneur ?

— « Le doux pardon, l'amour immense,
Pour le prisonnier palpitant,
Pour le coupable repentant,
Et pour les méchants en démence.
Dieu, qui soutenez le roseau,
Dieu qui donnez l'aile à l'oiseau,
Donnez l'âme à notre prière
Pour qu'elle monte à vous, mon père ! »

Voix d'enfants, dites-nous encor
Où s'en va votre tendre essor ?

— « Il s'en va plus haut que l'orage
Chercher les saintes charités.
Un oiseau nous a dit : « Chantez ! »
Un roseau nous a dit : « Courage ! »
Dieu ! qui soutenez le roseau,
Dieu ! qui donnez l'aile à l'oiseau,
Donnez l'âme à notre prière,
Pour qu'elle vous plaise, ô mon père ! »

Voix d'enfants, priez donc pour nous,
Car l'innocence est avec vous !

— « Dieu juste, écartez les alarmes
Des heureux qui donnent toujours !
Donnez-leur autant de beaux jours
Qu'ils nous ont épargné de larmes !
Dieu, qui soutenez le roseau,
Dieu, qui donnez l'aile à l'oiseau,
Donnez l'âme à notre prière,
Pour qu'elle vous touche, ô mon père ! »

À M. Dubois

Directeur de l'hôpital de Douai,
sa petite fille.

Lève sur tes genoux ta plus petite fille,
Père ! j'ai quelque chose à cacher dans ton cœur
J'ai prié ce matin pour toute la famille,
En priant Dieu pour ton bonheur.

Regarde ce bouquet : c'est là qu'est le mystère.
Pour le rendre plus cher à ton cœur généreux,
On l'a noué des noms de tous les malheureux
Que tu consoles sur la terre.

La grande petite fille

Maman ! comme on grandit vite !
Je suis grande, j'ai cinq ans !
Eh bien, quand j'étais petite,
J'enviais toujours les grands.

Toujours, toujours à mon frère,
S'il venait me secourir,
Même, quand j'étais par terre,
Je disais : « Je veux courir ! »

Ah ! c'était si souhaitable
De gravir les escaliers !
À présent, je dîne à table ;
Je danse avec mes souliers !

Et ma cousine Mignonne
À qui j'apprends à parler
Du haut des bras de sa bonne
Boude, en me voyant aller.

Pauvre enfant ! Qu'elle est gentille
Quand elle pleure après moi !
J'en fais ma petite fille ;
Je la baise comme toi,

Lorsque, me voyant méchante,
Tu chantais pour me calmer.
Je la calme aussi ; je chante
Pour la forcer de m'aimer.

Et puis, maman, je suis forte,
Bon papa te le dira.
Son grand fauteuil, à la porte,
Sais-tu qui le roulera ?

Moi ! c'est sur moi qu'il s'appuie
Quand son pied le fait souffrir ;
C'est moi qui le désennuie
Quand il dit : « Viens me guérir ! »

Ô maman, je te regarde
Pour apprendre mon devoir,
Et c'est doux d'y prendre garde
Puisque je n'ai qu'à te voir.

Quand j'aurai de la mémoire,
C'est moi qui tiendrai la clé,
Veux-tu, de la grande armoire
Où le linge est empilé ?

Nous la polirons nous-mêmes
De cire à la bonne odeur ;
Ô maman, puisque tu m'aimes
Je suis sage avec ardeur !

Nous ferons l'aumône ensemble
Quand tes chers pauvres viendront.
Un jour, si je te ressemble.
Maman ! comme ils m'aimeront !

Je sais ce que tu vas dire ;
Tous tes mots, je m'en souviens.
Là, j'entends que ton sourire
Dit : « Viens m'embrasser ! » Je viens !

L'enfant au miroir

À Mlle Émilie Bascan.

Si j'étais assez grande,
Je voudrais voir
L'effet de ma guirlande
Dans le miroir.
En montant sur la chaise,
Je l'atteindrais ;
Mais sans aide et sans aise,
Je tomberais.

La dame plus heureuse,
Sans faire un pas,
Sans quitter sa causeuse,
De haut en bas,
Dans une glace claire,
Comme au hasard,
Pour apprendre à se plaire
Jette un regard.

Ah ! c'est bien incommode
D'avoir huit ans !
Il faut suivre la mode
Et perdre un temps !…
Peut-on aimer la ville
Et les salons !
On s'en va si tranquille
Dans les vallons !

Quand ma mère qui m'aime
Et me défend,
Et qui veille elle-même
Sur son enfant,
M'emporte où l'on respire
Les fleurs et l'air,
Si son enfant soupire,
C'est un éclair !

Les ruisseaux des prairies
Font des psychés
Où libres et fleuries,
Les fronts penchés,
Dans l'eau qui se balance,
Sans nous hausser,
Nous allons en silence
Nous voir passer.

C'est frais dans le bois sombre,
Et puis c'est beau
De danser comme une ombre
Au bord de l'eau !
Les enfants de mon âge,
Courant toujours,
Devraient tous au village
Passer leurs jours !

La jeune pensionnaire

Ah ! je suis inconsolable
D'avoir perdu mon ruban !
Ma chère, il était semblable
Aux rouleaux de mon volant.
Celui-ci, bien qu'adorable,
Regarde, est d'un autre blanc !...

On a bien raison de dire :
« Les chagrins sont près de nous. »
Pas un cœur qui ne soupire
Du sort méchant et jaloux.
Tu ris... Ne me fais pas rire !
Pourtant, ce serait bien doux !

Mais je suis inconsolable
D'avoir perdu mon ruban !
Ma chère, il était semblable
Aux rouleaux de mon volant.
Celui-ci, bien qu'adorable,
Regarde, est d'un autre blanc.

Mise hier comme une fée,
Au bras de mon frère Henri,
D'un coup de vent décoiffée,
J'entre, et chacun pousse un cri.
J'étais toute ébouriffée :
Juge si nous avons ri !

Mais je suis inconsolable
D'avoir perdu mon ruban !
Ma chère, il était semblable
Aux rouleaux de mon volant.
Celui-ci, bien qu'adorable,
Regarde, est d'un autre blanc !

La joie est dans notre école,
Mais toujours le bonheur ment !
Tiens, c'est un oiseau qui vole !
Moi, j'irai Dieu sait comment…
Que ne suis-je un peu frivole
Au moins pour danser gaiement.

Mais je suis inconsolable
D'avoir perdu mon ruban ;
Ma chère, il était semblable
Aux rouleaux de mon volant.
Celui-ci, bien qu'adorable,
Regarde, est d'un autre blanc.

Si j'étais moins désolée
Nous redirions notre pas…
Pourtant, avant l'assemblée,
Chantons et valsons tout bas.
Suis-moi ! je suis envolée !
C'est enchanteur, n'est-ce pas !…

Mais je suis inconsolable
D'avoir perdu mon ruban ;
Ma chère, il était semblable
Aux rouleaux de mon volant.
Celui-ci, bien qu'adorable,
Regarde, est d'un autre blanc !

La petite pleureuse, à sa mère

On gronde l'enfant
À qui l'on défend
De pleurer quand bon lui semble ;
On dit que les fleurs
Sèchent bien des pleurs…
Tu mêles donc tout ensemble ?

Oui, maman, je t'ai vue avec ton air joyeux,
Le rire sur la bouche et les larmes aux yeux.

Au bal, sous ses bouquets, j'ai vu pleurer ma mère.
J'ai baisé cette larme, elle était bien amère.

Viens que je te console. Avais-tu trop dansé ?
Moi, je ne gronde pas ! Moi, quand mon pied lassé
Me défend d'être bien aise,
L'ennui qui me prend
M'arrête en courant,
Et je m'endors sur ma chaise.
Oh ! si je viens encor pleurer sur tes genoux,
Maman, ne me dis plus : « Vous n'êtes pas gentille ! »
Dansons, quand nous pouvons, ou pleurons entre nous,
Mais ne nous grondons pas : vois-tu, je suis ta fille,
Et je t'aime, et je vais prier Dieu tous les jours
De m'égayer beaucoup pour t'égayer toujours !
Embrasse donc bien fort ta petite chérie,
Et jamais, plus jamais ne dis : « vous »…, je t'en prie !
Ainsi consolons-nous et donnons-nous la main :
Si nous pleurons ce soir, va ! nous rirons demain !

L'oiseau

Bonjour, la jeune fille !
Que fais-tu dans mon bois ?
Es-tu de ma famille ?
On dirait qu'autrefois
J'ai chanté dans ta voix…

Moi, je nais. Vite, vite,
De la mousse, un berceau ;
Il faut que je m'acquitte
Par ce temps clair et beau
De mes devoirs d'oiseau.

La jeune fille

Bonjour, oiseau ! Je pense
Me reconnaître ici ;
Mais les fleurs, mais la danse
Me tiennent en souci…
J'ai mes devoirs aussi !

Danser, chanter, et vivre,
On n'en vient pas à bout.
Croit-on que sans un livre
On n'apprend rien du tout ?
Pour moi j'apprends partout !

L'oiseau

Bravo, la jeune fille !
Viens souvent dans mon bois ;
Nous vivrons en famille
Chantant tous à la fois
Avec la même voix.

Voler de fête en fête
Sous les cieux éclatants,
C'est à fendre la tête ;
Et l'on n'a pas le temps
De jouir du printemps !

Les danses de Lormont

Poursuivant les nuées
De nos chansons,
De main en main nouées,
Dansons ! Dansons !
Nous sommes de Lormont les blanches demoiselles ;
La brise nous soulève et nous porte en avant ;
On dirait qu'à nos pieds la danse met des ailes
Pour nous jeter au vent !

Poursuivant les nuées
De nos chansons,
De main en main nouées,
Dansons ! Dansons !
Avec sa grande voix la mer nous accompagne ;
La mer qui bat la grève et qui rompt les roseaux,
En nous voyant d'en bas planer sur la montagne,
Nous prend pour des oiseaux.

Poursuivant les nuées
De nos chansons,
De main en main nouées,
Dansons ! Dansons !
Allez, la mer ! Allez, navire enflé de voiles ;
La danse vous salue au fond de vos couleurs !
Allez ! pour vous pousser vers les bonnes étoiles,
Nous vous jetons des fleurs.

Poursuivant les nuées
De nos chansons,
De main en main nouées,
Dansons ! Dansons !
Regardez, regardez la montagne enflammée !
C'est Lormont qui s'allume au coucher du soleil.
Regardez sur son front tourner la ronde aimée,
Comme un cercle vermeil.

Poursuivant les nuées
De nos chansons,
De main en main nouées,
Dansons ! Dansons !

1859.

La danse de nuit

Ah ! la danse ! La danse
Qui fait battre le cœur !
C'est la vie en cadence
Enlacée au bonheur !

Accourez, le temps vole,
Saluez, s'il vous plaît ;
L'orchestre a la parole,
Et le bal est complet.

Oh ! la danse ! La danse
Qui fait battre le cœur !
C'est la vie en cadence
Enlacée au bonheur !

Sous la lune voilée
Quand brunissent les bois
Chaque fête étoilée
Jette lumière et voix.

Oh ! la danse ! La danse
Qui fait battre le cœur !
C'est la vie en cadence
Enlacée au bonheur !

Les fleurs plus embaumées
Rêvent qu'il fait soleil,
Et nous, plus animées
Nous n'avons pas sommeil !

Oh ! la danse ! La danse
Qui fait battre le cœur !
C'est la vie en cadence
Enlacée au bonheur !

Flamme et musique en tête,
Enfants, ouvrez les yeux,
Et frappez, à la fête,
Vos petits pieds joyeux !

Oh ! la danse ! La danse
Qui fait battre le cœur !
C'est la vie en cadence
Enlacée au bonheur !

Ne renvoyez personne !
Tout passant dansera ;
Et bouquets ou couronne,
Tout danseur choisira !

Oh ! la danse ! La danse
Qui fait battre le cœur !
C'est la vie en cadence
Enlacée au bonheur !

Sous la nuit et ses voiles
Que nous illuminons
Comme un cercle d'étoiles,
Tournons en chœur, tournons !

Oh ! la danse ! La danse
Qui fait battre le cœur !
C'est la vie en cadence
Enlacée au bonheur !

Le faneur et l'enfant

Le faneur

Eh ! pourquoi pleures-tu ? ta colombe était vieille…

L'enfant

Vieille !

Le faneur

Elle allait perdant les ailes et les yeux ;
Elle ne trouvait plus son chemin vers les cieux,
Ni le froment de sa corbeille.
Il fallait la porter dans l'arbre au grand soleil,
Lui puiser l'eau du jour, la nourrir graine à graine ;
Elle avait toujours froid et se traînait à peine
De l'hiver à l'été vermeil.

L'enfant

Ma colombe !…

Le faneur

Ah ! ma foi, ta colombe est guérie.
Elle nous rendait sourds à force de gémir.
Elle avait fait son temps. Toi, tu pourras dormir.
Ou gambader par la prairie.
Va courir, va ! Sèche tes pleurs !

L'enfant

Hier elle essayait de me tendre les ailes.

Le faneur

Hier n'est plus. L'air bleu fourmille d'étincelles,
Et les buissons sentent les fleurs.

L'enfant

Le monde est tout changé !

Le faneur

Le monde va de même ;
Pourquoi ne prends-tu pas ce qu'il met devant toi ?
Pourquoi lui demander ce qu'il n'a plus ? Pourquoi
Pleurer un vieil oiseau !

L'enfant

Je l'aime.

Le faneur

Viens en chercher un autre ; il en pleut dans les blés.
On marche sur des nids, puis on en trouve encore.
Dieu le veut : des oiseaux sont toujours près d'éclore
Quand les oiseaux sont envolés.
Viens voir dans les sillons !...

L'enfant

Non, j'attends ma colombe.
Ma colombe viendra tous les soirs, tous les jours.
Elle était ma colombe, et je la veux toujours !
Vois-tu ce tas de fleurs ? c'est sa petite tombe ;
J'y reste.

Le faneur

Pourquoi faire ?

L'enfant

Oh ! pour la voir venir !
Faneur, ne sais-tu pas que rien ne doit mourir ?

Le faneur

Ce serait beau, mais quoi !…

L'enfant

Sois en sûr ! c'est mon père
Qui me dit de le croire et qui veut que j'espère.

Le faneur

J'en vois voler vers nous…

L'enfant

Adieu, faneur, adieu.

Le faneur

Tu ne veux pas les prendre ?

L'enfant *(qui s'en va)*

Ô ma colombe ! ô Dieu !

Le chien et l'enfant

Enfant, d'une pierre lancée
Ne blesse pas le chien courant !
Que savons-nous si la pensée
N'anime pas ce corps errant ?
Peut-être un grand instinct le presse
Vers la prison qu'il sent là-bas…
Enfant, n'ayons qu'une caresse
Pour le chien qui ne nous mord pas !

Gardien de nos maisons ouvertes.
Sentinelle de vos berceaux,
C'est l'ami qui des tombes vertes
Visite les froids arbrisseaux.
Là, de son passé qui l'oppresse
À qui donc se plaint-il tout bas ?
Enfant, n'ayons qu'une caresse
Pour le chien qui ne nous mord pas.

Hôte de la pauvre chaumière
Où s'éteignent d'humbles vieillards,
De l'aveugle il est la lumière,
Éclairant ses mornes hasards.
Par sa vigilante tendresse,
Vois comme il avertit ses pas ?
Enfant, n'ayons qu'une caresse
Pour le chien qui ne nous mord pas

Si le glaive ardent de la guerre
Frappe son maître tout armé,
Si la sentence militaire
Brise un front qu'il a tant aimé,
Perçant la foule qui s'empresse,
Il fait pleurer les vieux soldats…
Enfant, n'ayons qu'une caresse
Pour le chien qui ne nous mord pas

Rencontre d'une chèvre et d'une brebis

Pardon ! n'est-ce pas vous que j'ai vue une fois ? »
Dit, en faisant la révérence,
La chèvre à la brebis de chétive apparence,
Liée et seule au bord d'un bois.

« Vous étiez, si c'est vous, si charmante et si folle
Qu'en vous voyant ainsi je n'osais vous parler.
J'accusais ma mémoire, et j'allais m'en aller
Sans vous adresser la parole. »

Et la brebis, levant sa tête avec effort,
Bêle ce sanglot de son âme :
— « Vous ne vous trompez pas ; c'est... c'était moi, madame ;
Et me voilà !... voilà le sort.

« Quand j'étais blanche et rose, on m'a beaucoup parée.
Aux fêtes du printemps on m'habillait de fleurs ;
On me laissait brouter sur de tendres couleurs,
Et je me croyais adorée.

« L'eau filtrant du rocher pour laver ma toison
Ne semblait jamais assez claire ;
Oh ! madame, c'est doux ! oui, c'est si doux de plaire
Qu'on n'en cherche pas la raison.

« Je dansais à la flûte une couronne en tête ;
J'en faisais mon devoir et ma cour au pasteur.
Je buvais dans sa tasse, intrépide, sans peur,
Et ses festins étaient ma fête.

« Tout changea. Le pasteur, las de m'être indulgent,
Me fit traîner au sacrifice.
Toutefois un enfant me sauva du supplice
Alors qu'on allait m'égorgeant.

« La pitié !... Je le crois, mais on m'ôta ma laine,
Ma sonnette d'argent, mes flots de rubans verts,
Ma liberté, ma part dans ce bel univers,
Et le doux lait dont j'étais pleine.

« Je fus liée… » — « Horreur ! Ah ! j’aurais tant mordu
Tant bondi pour casser ma corde,
Tant bramé vers le ciel : « À moi ! Miséricorde !
Que mon droit m’eût été rendu.

« Aux cris de l’innocence il faut que Dieu réponde !
Oui, madame, on m’égorge : il doit me secourir.
Il doit me délier, moi, faite pour courir
Toutes les montagnes du monde ! »

Le nez de la brebis se baissa consterné.
Humble aux honneurs, douce au martyre,
Son cœur saigne et pourtant sa plainte se retire
De la chèvre au front étonné.

— « Quoi ! vous ne sautez pas contre un sort si funeste ?
Que votre âme est molle et lente à s’enflammer ! »
— « La haine corromprait le bonheur qui me reste. »
— « Hé, mon Dieu ! quel est donc votre bonheur ? » — « D’aimer. »

Les promeneurs

Pourquoi vous a-t-on mis ce casque sur la tête ?
Allez-vous à la guerre ou bien dans les tournois ?
Cet appareil grillé vous donne un air sournois.
Je vous ai vu moins laid dans nos jours de conquête… »

— « Mon Dieu ! » dit l'autre chien (c'était deux chiens errants,
Cherchant aux carrefours à distraire leur vie),
« Peut-on, quand on est chien, se mettre à son envie !
Tout maître a son caprice et nous sommes aux grands.

« Nous leur appartenons de la queue aux oreilles ;
Ce qu'ils en font, c'est triste, et vous n'avez qu'à voir.
Ils ont raison pourtant puisqu'ils ont le pouvoir.
N'avez-vous pas subi des justices pareilles ?

« On est gai de naissance ; eh bien, on ne rit plus.
Les sens ainsi gênés ne trouvent plus leurs voies ;
Étouffer notre souffle est une de leurs joies ;
Ces faits contre nature où les avions-nous lus ?

« Venez causer plus loin… je crois qu'on nous regarde.
Nos maîtres si hautains sont lâches par moment.
On pourrait nous traiter comme un rassemblement,
Et pour nous disperser faire venir la garde.

« Contre ce lourd bonnet qui n'est pas de mon goût
J'ai beaucoup aboyé, mais c'est comme qui chante.
Tout cadenas tient bon sous une main méchante !
Je ne peux plus toucher, mon frère, à rien du tout ! »

Durant cet entretien le plus libre s'arrête :
Un régal imprévu l'a séduit en marchant.
— « Voyez ! l'homme envers nous n'est pas toujours méchant ;
Il jette sur nos pas des vestiges de fête !

« Celui-ci, partagé, vous remettrait le cœur ;
Mais pour thésauriser nous n'avons point d'armoire.
Il faut vider les plats sans payer le mémoire ;
Nous sommes à la chasse et je me fais piqueur ! »

Il mourut, car la fête était empoisonnée.
Ô mémoire flottante ! Ô candeur des petits !
Ô perfides éveils d'incessants appétits !
Ô vie à tout propos dans ta fleur moissonnée !

L'empoisonneur sifflait, écorchant sans remords
Le chien, bon pour des gants. Sous son casque, et plus sombre,
L'autre disait tout bas, trottant seul et dans l'ombre :
« Heureux les muselés !… Mais plus heureux les morts ! »

Poésies diverses

À M. Bouilly

Ton nom au plus distrait donne de la mémoire,
Poëte ! autant chéri qu'amoureux de la gloire.
Elle a rendu visite à chacun de tes jours,
Et t'a si bien aimé qu'on l'aimera toujours !

À Madame***

Que vous soyez pour tous la charité qui pleure,
Ou la Muse qui chante afin d'arrêter l'heure,
Ou la femme rêveuse au bord de son miroir,
Vous êtes toujours vraie et toujours belle à voir !

La beauté, n'est-ce pas, c'est le bonheur, Madame ?
Ainsi vous en avez plein les yeux et plein l'âme ;
Et sous vos blonds cheveux si j'ai surpris des pleurs,
C'est qu'il faut, n'est-ce pas, de la rosée aux fleurs ?

Oui, l'été sans la pluie incendîrait les roses.
Laissez donc faire au ciel qui fait bien toutes choses :
Pleurez, regardez-vous, et chantez à la fois,
Car c'est pour nos douleurs que Dieu fit votre voix !

À Mademoiselle Mars

Ô fille de Molière ! Ô voix de son génie !
Va rendre à ton auteur sa plus pure harmonie.
Mais si tu veux parfois redescendre en ce lieu,
Oh ! parle, parle encor, tu l'obtiendras de Dieu !

Rien ne t'a résisté, rien, pas même l'envie :
Honteuse, elle a pleuré quand tu quittas la vie.
Ah ! tout pleurait ! Ainsi, pour désarmer la mort,
Si tu veux nous revoir, oh ! parle, parle encor !

Le soleil lointain

À Madame Marie d'Agoult.

Quand vous m'avez écrit tout ce que femme ou mère
Écrira de plus doux,
Je me plaignais, Madame, à cette vie amère :
Je lui parlais de vous ;

De vous dont l'esprit pur, dont la grâce rêveuse,
Dont les regards charmants
Ont versé leurs rayons sur moi, pâle couveuse
D'immobiles tourments.

Triste, je demandais à la force voilée.
Qui nous plie à genoux,
Pourquoi, presque divine, ô jeune âme étoilée,
Vous pleurez comme nous.

Elle aussi, lui disais-je, elle aussi, sous ses roses,
Sous ses longs cheveux d'or,
À l'heure où le sommeil assoupit toutes choses,
Demande si l'on dort !

Elle aussi, quand la lune argente sa fenêtre,
Cherche son heure au ciel ;
Et quand tous les plaisirs semblent l'avoir fait naître,
Dit que naître est cruel.

Pourquoi souffler en nous, argile sans pensée,
La pensée et le jour,
Pour nous détruire ainsi, l'âme à tout coup blessée
Par la mort, et l'amour ?

Ô vie ! ô fleur d'orage ! ô menace ! ô mystère !
Ô songe aveugle et beau !
Réponds : ne sais-tu rien en passant sur la terre
Que ta route au tombeau ?

— « Ingrate, a dit la vie, à qui donc l'espérance,
Fruit divin de ma fleur ?
Vous retournerez-vous vers un jour de souffrance,
Dans l'éternel bonheur ?

« Si vous n'entendez pas tant de voix éternelles,
Que sert de vous parler ?
Vos pieds sont las, pliez ! Dieu vous mettra des ailes,
Et vous pourrez voler.

De vos fronts consternés, mères inconsolables,
Les cyprès tomberont,
Quand pour vous emmener, messagers adorables,
Vos enfants descendront.

« Vos sanglots se perdront dans de longs cris de joie,
Quand vous verrez la mort
Bercer aux pieds de Dieu son innocente proie,
Comme un agneau qui dort.

« La mort, qui reprend tout, sauve tout sous ses ailes,
Sa nuit couve le jour.
Elle délivre l'âme, et les âmes entre elles
Savent que c'est l'amour ! »

Ainsi, Madame, allons ! L'augure a trop de charmes
Pour n'être pas certain :
Allons ! Et dans la nuit tournons nos yeux en larmes
Vers le soleil lointain !

Madame Émile de Girardin

La mort vient de frapper les plus beaux yeux du monde.
Nous ne les verrons plus qu'en saluant les cieux.
Oui, c'est aux cieux, déjà ! que leur grâce profonde
Comme un aimant d'espoir semble attirer nos yeux.

Belle étoile aux longs cils qui regardez la terre,
N'êtes-vous pas Delphine enlevée aux flambeaux,
Ardente à soulever le splendide mystère
Pour nous illuminer dans nos bruyants tombeaux ?

Sa grande âme ingénue avait peur de la joie.
Lucide et curieuse à l'égal des enfants,
Du long regard humide où le rire se noie,
Elle épiait les pleurs sous les fronts triomphants.

Albert Durr l'avait vue à l'étude penchée,
Au monde intérieur où lui seul pénétrait,
Quand sa mélancolie éternelle et cachée
Dans un ange rêveur la peignit trait pour trait.

Son enfance éclata par un cri de victoire.
Lisant à livre ouvert où d'autres épelaient,
Elle chantait sa mère, elle appelait la gloire,
Elle enivrait la foule… et les femmes tremblaient.

Et charmante, elle aima comme elle était : sans feinte,
Loyale avec la haine autant qu'avec l'amour.
Dans ses chants indignés, dans sa furtive plainte,
Comme un luth enflammé son cœur vibrait à jour !

Elle aussi, l'adorable ! a gémi d'être née.
Dans l'absence d'un cœur toujours lent à venir,
Lorsque tous la suivaient pensive et couronnée,
Ce cœur, elle eût donné ses jours pour l'obtenir.

Oh ! l'amour dans l'hymen ! Oh ! rêve de la femme !
Ô pleurs mal essuyés, visibles dans ses vers !
Tout ce qu'elle taisait à l'âme de son âme,
Doux pleurs, allez-vous-en l'apprendre à l'univers !

Elle meurt ! presque reine, hélas, et presque heureuse,
Colombe aux plumes d'or, femme aux tendres douleurs ;
Elle meurt tout à coup d'elle-même peureuse,
Et, douce, elle s'enferme au linceul de ses fleurs,

Ô beauté ! souveraine à travers tous les voiles !
Tant que les noms aimés retourneront aux cieux,
Nous chercherons Delphine à travers les étoiles,
Et ton doux nom de sœur humectera nos yeux.

1855.

La rose effeuillée

Cette rose, ravie aux roses du jardin,
Par l'ondée orageuse avait été touchée.
On eût dit que des pleurs inondaient son beau sein,
Et sa tête charmante était pâle et penchée.

Moi, pour vous l'apporter dans ses vierges appas,
Je l'enlevai tremblante à sa verte patrie ;
Mais j'atteignis son cœur inprudemment, hélas !
Et je la vis tomber toute morte, ô Marie !

J'en plaignis chaque feuille… inutile pitié !
Qu'importe au cœur brisé votre tardif hommage !
Ainsi tombe des fleurs la plus frêle moitié.
Chagrins silencieux, n'est-ce pas votre image ?

Un jour de plus, Marie, elle eût brillé pour vous,
Par le divin secours d'une innocente adresse ;
Car le sourire encor peut renaître plus doux
Sous des pleurs qu'on essuie à force de tendresse.

Madame Henriette Favier

Attiré vers le ciel par d'invisibles charmes,
Son regard est serein, même à travers les larmes.
Elle monte, elle monte, et ne se souvient pas
De son aile blessée et traînante ici bas.

Sous son anneau d'esclave et ses voiles de femme,
Laissant par le chemin déchirer sa belle âme,
Elle n'a rien trouvé de plus pur que sa foi ;
Aussi Dieu la regarde et lui dit : « Viens à moi ! »

Au plus humble, en passant, elle donne un sourire
Si limpide, si vrai qu'un enfant sait le lire ;
On aspire à l'atteindre et l'on ne voudrait pas,
Elle montant si haut, l'admirer de trop bas.

À ma sœur Cécile

Cache-les dans ton cœur, toi, dont le cœur pardonne
Ces bouquets imprudents qui fleurissaient en moi ;
C'est toute une âme en fleurs qui s'exhale vers toi ;
Aux autres, je l'entr'ouvre : à toi, je te la donne.

À Madame de Tav…, devenue aveugle

Tant de flamme a brûlé sa vue,
Tant de pleurs ont noyé ses yeux,
Qu'il s'est fait devant elle un voile, ombre imprévue,
Ne laissant que l'esprit dans la splendeur des cieux.

À Georges P.

(Tué près de son père en 184.)

Son âge encor tenait à l'espérance…
L'enfant sait-il que naître c'est souffrir !
Le rêve pur de sa sainte ignorance
Parla de gloire, il voulut y courir.
Sans la sauver il est mort pour la France :
Mourir ainsi, mon Dieu, c'est trop mourir.

Les fleurs de Jean Paul

Sur un enfant.

Semez sur lui des fleurs, des fleurs, jeunes pleureuses !
Il les emportera sur ses ailes heureuses.
De sa cage entr'ouverte il s'envole vivant :
Chantez ! c'est aujourd'hui la fête de l'enfant !

À Mademoiselle Isaure Partarrieu

(Elle avait mis mon portrait parmi ses colombes.)

Calme et sainte maison par beaucoup enviée,
Où la colombe est seule en tout temps conviée,
Abritez mon image afin que le bonheur
D'un rayon, quelque part, touche mon front rêveur.

L'amie

Quand mon ombre au soleil tremble seule et s'incline,
Quand je cherche des pas à l'entour de mes pas,
Quand j'écoute attentive, et que je dis tout bas :
« Personne ! » une jeune ombre éternelle, divine,
Se lève et me répond : « Me voici, Marceline ! »

« Ne dis jamais : personne ! où l'abandon te prend.
Si tu montes vers Dieu, je suis sur la colline ;
Si tu descends en pleurs, je descends en pleurant. »
— Et mon âme s'écrie : « Oh ! bonsoir, Albertine ! »

L'aumône

Toute fleur bénit sur la terre
L'eau qui tombe pour la nourrir ;
L'aumône est l'eau qui désaltère :
Sois béni, toi qui peux l'offrir !

Fais tant et si souvent l'aumône
Qu'à ce doux travail occupé,
La mort te trouve et te moissonne
Comme un lys pour le ciel coupé.

Invitation à la valse

L'air est brûlant, la valse tourne et vole,
Le cercle fuit et s'agrandit là-bas ;
Allons, madame, on a votre parole,
On vous attend : ne valserez-vous pas ?

En paraissant vous êtes invitée,
Tous les regards ont besoin de vos yeux.
On a saisi votre main agitée,
Et vous voilà jointe à l'essaim joyeux !

L'air est brûlant, la valse tourne et vole,
Le cercle fuit et s'agrandit là-bas ;
Allons, madame, on a votre parole,
On vous attend : ne valserez-vous pas ?

Laissez vos fleurs sur les genoux des mères ;
Fleurs, danse et feu, c'est trop pour la raison.
Les chauds parfums des bouquets éphémères,
Trop près du cœur se changent en poison.

L'air est brûlant, la valse tourne et vole,
Le cercle fuit et s'agrandit là-bas ;
Allons, madame, on a votre parole,
On vous attend : ne valserez-vous pas ?

Valsez, planez comme les tourterelles
Planent le soir dans l'azur sombre et doux.
À votre essor on vous prendrait pour elles ;
À leur blancheur on les prendrait pour vous !

L'air est brûlant, la valse tourne et vole,
Le cercle fuit et s'agrandit là-bas ;
Allons, madame, on a votre parole,
On vous attend : ne valserez-vous pas ?

L’ange et la coquette

Une église sans lumière
Sonne le salut du soir,
Et seule, avant la prière,
Une femme vient s’asseoir.
Brillante, peinte et pompeuse,
Que peut-elle avoir souffert ?
Rien. Cette femme est heureuse,
Mais elle a peur de l’enfer.

Dans l’ombre de la chapelle
Veille l’ange des pardons,
Et c’est le seul qu’elle appelle
Pour le séduire à ses dons :
— « N’apportez que vos alarmes, »
Dit-il, « tout cet or offert,
S’il n’est mouillé de vos larmes,
Ne sauve pas de l’enfer. »

— « Quoi, n’est-ce pas un mensonge ? »
Dit-elle avec plus d’effroi.
« Oh ! de ce terrible songe,
Bon ange, délivrez-moi !
Je sens, la nuit où tout change,
Sur mon cœur un poids de fer. »
— « Femme, ô femme ! » répond l’ange,
« C’est donc là qu’est votre enfer. »

— « Oui, puisqu’on nous fait un crime
De nouer de tendres nœuds ;
Puisqu’ils parlent d’un abîme
« Où s’éteignent les doux yeux.
Faut-il haïr, pour leur plaire,
L’amour qui nous est offert ? »
— « Non, » dit l’ange sans colère,
« L’amour vrai n’a pas d’enfer. »

— « Pour moi, sur plus d'un ménage
J'étendis mes fins réseaux ;
Mortel fut mon voisinage
Aux femelles des oiseaux.
M'entendez-vous ? » — « Pas encore, »
Dit l'ange au front découvert ;
« Un mystère que j'ignore
Vous a fait peur de l'enfer. »

— « Mais… j'ai brisé tant de chaînes,
J'ai défait tant de serments,
Tant à des femmes trop vaines
Volé d'époux et d'amants !
Leurs pleurs célébraient mes charmes,
Et tant d'or me fut offert !… »
— « Eh ! bien, pour venger leurs larmes,
Vous aurez peur de l'enfer. »

Le voisin blessé

L'autre nuit le voisin qui pleure
Frappa pour me dire bonsoir :
« Dormez, voisin, ce n'est plus l'heure ;
On n'y voit plus : il faut se voir.
Je suis vous le savez une pauvre orpheline ;
Je n'ai d'autre gardien que la vierge divine. »
Mais il reprit si tristement :
« Au pécheur Dieu donne un moment
De grâce avant le châtiment !… »

Il dit cela d'un ton si grave
Que sa voix me troubla le cœur,
Et qu'à ce blessé doux et grave
Je répondis malgré ma peur :
« Vous avez votre mère, et moi, pauvre orpheline,
J'en vais demander une à la vierge divine.
Pourquoi dites-vous tristement :
Au pécheur Dieu donne un moment
De grâce avant le châtiment ?… »

« La grâce, c'est votre présence ! »
Cria-t-il contre la cloison.
« Le châtiment, c'est votre absence,
Et le ciel, c'est votre maison !
Je suis l'heureux voisin de la jeune orpheline
Qui demande une mère à la vierge divine ;
C'est pourquoi je dis tristement :
Au pécheur Dieu donne un moment
De grâce avant le châtiment !

« Car vous partez avec l'aurore,
Et moi, blessé, je vais mourir… »
— « Voisin, je ne pars pas encore
Et si l'on pouvait vous guérir…
Donnez-moi votre mère, et la pauvre orpheline
Ne demandera rien à la vierge divine.
Ne dites donc plus tristement :
Au pécheur Dieu donne un moment
De grâce avant le châtiment ! »

Où vas-tu ?

Cesse de m'apprendre
D'où vient la douleur ;
Pour le mieux comprendre
Change-t-on son cœur ?
J'ai le mal suprême
Sans bien l'exprimer ;
Tu sais pourquoi j'aime :
Moi, je sais aimer !

Tu saisis, tu charmes
Dans l'art de parler.
Mais moi, j'ai les larmes
Que tu fais couler.
Lorsque ta parole
Enchante ce lieu,
La mienne s'envole
Soupirer vers Dieu !

Laisse passer l'âme
Qui monte toujours ;
Laisse à toute flamme,
Comme à l'eau, son cours.
Quand me vint l'envie
Du ciel avec toi,
J'allais à la vie…
Où vas-tu sans moi !

Les deux marinières (I)

Marina

Vois-tu, si j'avais ta beauté,
Cousine, et sa fleur jeune et tendre,
Je me garderais bien d'attendre,
Seule dans ma fidélité.
Pour un marin qui trace l'onde
Au lieu de m'ennuyer au monde,
Ma foi !
J'aurais plus de plaisirs que toi !

Laly Galine

Tu crois donc que j'ai de l'ennui,
Cousine, en ma chambre fermée ?
J'y travaille toute charmée :
Est-on seule en pensant à lui !
Tourner le dos à son image,
Mon Dieu, ce serait bien dommage !
Crois-moi !
Je suis bien moins seule que toi.

Marina

Ton amant n'est qu'un matelot
Qui n'a rien à lui que son âme,
Fidèle au serment d'une femme
Autant que le vent l'est au flot !
Laly ! je te le jure encore :
Si l'on m'aimait comme on t'adore,
Ma foi !
J'aurais plus de joyaux que toi !

Laly Galine

Je prépare en filant mon lin
La toile de notre ménage,
Et je n'ai pour tout voisinage
Que mon Christ en papier vélin.
Puis pour parer ma cheminée
Sa barque qu'il a dessinée
Crois-moi !
Je suis bien plus riche que toi.

Marina

Ton lin ne dure pas toujours,
On se fait voir aux jours de fête,
On met des rubans sur sa tête,
Et l'on danse à d'autres amours !
Prends les rubans que l'on t'apporte…
Ah ! s'il en pleuvait à ma porte,
Ma foi !
J'aurais d'autres atours que toi !

Laly Galine

Cousine, on ne fait pas son sort ;
Le mien est d'être une humble femme.
Les joyaux n'échauffent point l'âme,
Un cheveu qu'on aime est plus fort !
Sa chanson… tu sais bien laquelle !
Je chante et je pleure avec elle.
Crois-moi :
Je chante plus souvent que toi.

Marina

Eh bien, tu pleures trop souvent.
On te trouve déjà pâlie ;
Moi, de peur d'être moins jolie,
Je jetterais la plume au vent.
Sous tes pieds tu mets ta fortune ;
Si mes beaux yeux m'en donnaient une,
Ma foi !
Je serais plus fine que toi !

Laly Galine

Ma fortune ? Il l'apportera.
Lorsque l'heure est toute sonnée,
Je suis moins lourde d'une année,
Car l'heure a dit : « Il reviendra ! »
Va ! quelque pauvre qu'il revienne
Et tende sa main vers la mienne,
Crois-moi !
Nous serons plus heureux que toi !

Rochefort.

Laly Galine seule

Jardin de ma fenêtre,
Ma seule terre à moi,
Avril t'a fait renaître…
N'est-il bon que pour toi ?
Tes fleurs moins chancelantes
Se reparlent tout bas,
Et moi, je sais deux plantes
Qu'il ne réunit pas !

Combien de jours de fête
Ont regardé mes pleurs
Sans relever ma tête
Pensive sur tes fleurs !
Mais celui qui fait l'heure
Compte mon temps amer ;
Il voit dans ma demeure
Comme il voit dans la mer.

Ce soir une hirondelle
Qui revenait des cieux
A frôlé de son aile
Tes bouquets gracieux.
Ta fraîche palissade
A tremblé sous son cœur :
Vient-elle en ambassade
De la part du bonheur ?

Sans lune et sans étoile
Quand la nuit teint les flots
J'allume sous ton voile
Ma lampe aux matelots ;
Afin que l'humble flamme
Qui s'épuise ardemment
Comme un peu de mon âme
Attire mon amant.

Mais du port, si le phare
Mourait avant le jour,
Au marin qui s'égare
Montre au loin mon séjour.
Dis-lui qu'à ma fenêtre,
Toujours comme aujourd'hui,
Les fleurs qu'il a fait naître
S'illuminent pour lui.

Dans la nuit implorée
Qui le ramènera,
Vers ma vitre éclairée
Son âme montera.
Fais qu'après ma neuvaine,
Au bout d'un an perdu,
Ma lampe le ramène
À mes bras suspendu.

Rochefort.

Les deux marinières (II)

Marina

Entends-tu le canon du fort
Pour le vaisseau qui rentre au port ?
Mais, cousine, le capitaine
Tient l'équipage en quarantaine !
Viens voir de loin le bâtiment
Qui te ramène ton amant.

Laly Galine

Laisse-moi reprendre mon cœur
Qui s'en va de joie et de peur.
J'avais rêvé cette nouvelle,
Mais vois ! je suis moins forte qu'elle…
C'est ma neuvaine au roi des cieux
Qui met de tels pleurs dans mes yeux.

Marina

Tu me fais rire avec tes pleurs :
Prends plutôt dentelles et fleurs !
Prends et puisque Dieu te l'envoie,
Folle ! ne pleure pas de joie,
Car je sais que les amoureux
N'aiment pas qu'on pleure pour eux.

Laly Galine

Que veux-tu ? Je suis faite ainsi,
Et parfois l'homme pleure aussi.
Il n'est pas plus fier que moi-même,
Cousine, et c'est pourquoi je l'aime.
Une larme sauve : autrement
On mourrait de saisissement.

Marina

Allons ! viens ! tu n'en finis pas !
Viens ! Tout le monde court là-bas
Au salut du canon qui roule.
Ton marin te croit dans la foule ;
C'est la lenteur qui fait mourir,
Moi, mes pieds brûlent de courir.

Laly Galine

Marina, laisse-moi m'asseoir…
Je serai plus forte ce soir.
Il est là, j'ai le temps d'attendre ;
S'il parlait on pourrait l'entendre !
Comme l'oiseau qui suit le vent,
Mon âme est allée en avant !

Marina

Mon âme est partout où je cours,
Et je m'endors aux longs discours.
Ta vie est comme une prière
Qui craint le bruit et la lumière.
Pour moi, sans bruit et sans soleil,
Le temps serait un long sommeil.

Laly Galine

Le soir sera beau, Marina,
Dans la barque qu'il dessina.
La nuit n'y sera plus amère…
Mais je veux embrasser ma mère !
Va chercher du bruit pour ton cœur :
Dieu fait à chacun son bonheur !

Rochefort.

La fidèle

Si j'étais la plus belle
Comme la plus fidèle,
Je le serais pour toi !
Si j'étais souveraine,
Le roi de cette reine
Tu le serais par moi !

S'il te prenait l'envie
De demander ma vie
Pour te faire un beau jour,
Cette vie ignorée,
À l'amour consacrée,
Tu l'aurais, mon amour !

Et si tu disais : « Donne,
Beauté, vie et couronne
Pour orner celle-là,
Cette seule que j'aime… »
À cet autre toi-même,
Je dirais : « Les voilà. »

Car s'il est doux de vivre
Pour s'attendre ou se suivre
Dans le même désir,
Pour une âme enflammée,
Vainement consumée,
Il est mieux de mourir.

Un déserteur

J'entends sonner dimanche,
Qu'ils sont heureux là-bas,
Devant l'église blanche,
Parlant haut, priant bas !
Quand tout se sent renaître
Au ciel doux et chaud,
C'est le bon Dieu peut-être
Qui dore mon cachot !...

Ma mère ! ma mère !
Qui priez là-bas,
Dans votre prière
Ne m'accusez pas !

De garde à la frontière,
Sur mon fusil penché,
J'écoutais sous la pierre
Un filet d'eau caché.
Puis, songeant à vos larmes
Au fond de vos yeux doux,
J'ai jeté là mes armes
Pour m'élancer vers vous !

Ma mère ! ma mère !
Qui priez là-bas,
Dans votre prière
Ne pleuriez-vous pas ?

Plus loin l'eau sans entrave
Appelait le nageur,
Et lassé d'être esclave
Je me fis voyageur.
Une senteur d'automne
Ouvrait mon souvenir.
Et le canon qui tonne
N'eût pu me retenir...

Ma mère ! ma mère !
Qui priez là-bas,
Dans votre prière
N'appeliez-vous pas ?

Les parfums du village
Troublent l'humble soldat ;
Moi, je n'eus de courage
Qu'aux périls du combat.
À mes plaisirs d'enfance
J'avais rêvé le soir,
Et, tout fiévreux d'absence,
J'ai couru vous revoir…

Ma mère ! ma mère !
Qui priez là-bas
Dans votre prière
N'attendiez-vous pas ?

Au fond de la nuit sombre,
M'excitant à marcher,
Comme un géant dans l'ombre
Se dressait mon clocher.
Et notre blanche église
M'attirait à genoux
Sous la croix où Louise
Est couchée avant nous.

Ma mère ! ma mère !
Qui priez là-bas,
Dans votre prière
N'y pensiez-vous pas ?

La mort donne quittance
Au soldat égaré,
Puisqu'après la sentence
Mes juges ont pleuré.
Paix ! voici la parade
Emplissant le chemin,
Et mon vieux camarade
Qui me tûra demain…

Ma mère ! ma mère !
Qui priez là-bas,
Dans votre prière
Ne m'attendez pas !

Musique militaire
Qui bondis sur mon cœur,
Atteindras-tu sous terre
Le pauvre déserteur ?…
Les cloches sur ma tête
Sont bonnes de courir…
Ce carillon de fête
M'encourage à mourir…

Ma mère ! ma mère !
Qui priez là-bas,
Dans votre prière
Ne m'oubliez pas !

La pauvre fille

À toi le monde ! à toi la vie !
À toi tout ce que l'homme envie !
Mais dans l'ombre et sans me nommer,
À moi le ciel ! à moi le bonheur de t'aimer !

Tu n'en sauras rien sur la terre.
Flamme invisible, en ton chemin
Je vivrai d'un ardent mystère
Sans avoir rencontré ta main.

À toi le monde ! à toi la vie !
À toi tout ce que l'homme envie !
Mais dans l'ombre et sans me nommer,
À moi le ciel ! à moi le bonheur de t'aimer !

Jeune aigle, amour d'une hirondelle,
Qui te cache ses humbles jours,
Va planer loin d'un cœur fidèle
Dont le cri te suivra toujours.

À toi le monde ! à toi la vie !
À toi tout ce que l'homme envie !
Mais dans l'ombre et sans me nommer,
À moi le ciel ! à moi le bonheur de t'aimer !

Fileuse

La fileuse file en versant des larmes ;
Sur son lin choisi s'inclinent ses charmes.
Le fil oublié glisse de ses doigts,
Et ses chants d'oiseau tremblent dans sa voix.

Sa quenouille est là toute négligée…
Oh ! d'un jour à l'autre on est si changée !
Quoi ! plus une rose à son front rêveur !
Qu'est-ce donc qu'elle a ? Je crois qu'elle a peur.

Elle était hier au banc de l'enfance
Avec ses fuseaux pour toute défense ;
Mais le soir l'enfant ne les avait pas
Quand quelqu'un dans l'ombre a suivi ses pas.

Personne aujourd'hui ne la voit plus rire.
En si peu d'instants qu'a-t-on pu lui dire ?
Ah ! pour qu'elle file en versant des pleurs,
Il faut que dans l'ombre on ait pris ses fleurs !

Le rêve à deux

Entends-tu sonner l'heure
Qui t'appelait vers moi ?
On dirait qu'elle pleure
De me trouver sans toi.
Elle aimait à renaître
Sous nos chants amoureux.
C'était rêver peut-être :
Mais nous rêvions à deux.

D'une voix souveraine
Tout se laisse enchanter.
Tu soumettrais la reine
Qui t'entendrait chanter.
Dans ses ennuis sans trèves,
Cette dame aux longs yeux
Donnerait tous ses rêves
Pour notre rêve à deux.

Mais depuis que l'absence
Tourmente ma raison,
Mon âme est en démence,
Le monde est ma prison.
C'est la cage affligée
Où se heurtent mes vœux.
J'étais si protégée
Dans notre rêve à deux !

Hors de tes bras fidèles,
Froide à tous les accords,
La danse n'a plus d'ailes
Pour soulever mon corps.
À moi-même ravie,
Tout bien m'est douloureux,
Le jour même est sans vie
Après le rêve à deux.

Comme un orage emporte
Tous les oiseaux d'un bois,
Rien ne chante à ma porte
Où ne vient plus ta voix.
Ah ! si le ciel écoute
Les amants malheureux,
La douce mort sans doute
Sera le rêve à deux !

Le trèfle à quatre feuilles

Tu fais de longs jours
Qui chantent toujours,
Trèfle, à qui te cueille.

Tu portes bonheur
Et sauves le cœur
Qui bat sous ta feuille.

Talisman des rois,
Je trouve une fois
Ton étoile verte !

Grondent donc souvent
Grêle, pluie et vent,
Ma vie est couverte !

Et quand même un jour
J'entendrais l'amour !
Sonner à ma porte,

Riant à ce nom,
Je dirais : « Non, non,
Que Dieu vous emporte !

« Je vois sous vos fleurs
Que beaucoup de pleurs
Ont mouillé vos armes.

« Je n'en suis plus là ;
Mon cœur le voilà :
Sans vous… mais sans larmes !

L'espérance

Ouvrez ! ouvrez ! Je suis bonne nouvelle !
Je viens de loin et mes pieds sont poudreux.
Vous m'attendiez : j'accours dès qu'on m'appelle ;
Ouvrez ! J'arrive avec des biens nombreux.

Prenez ceci, puis ceci, puis encore :
Voilà de quoi remplir bien des beaux jours.
Adieu ! J'entends une voix qui m'implore ;
Gardez mon nom, je reviendrai toujours.

Les oiseaux

Caravane aux voix enflammées,
Légers navigateurs du vent,
Petites âmes emplumées,
Qu'une fleur héberge souvent ;
Peuple d'en haut, joyeux mystère,
Donnez votre exemple à la terre,
Vous, qui suivez la même loi,
Vous, qui chantez le même roi !

Sous l'arceau de la vieille église
Ou dans l'arbre en fleurs du chemin,
Le cœur au nid, l'aile à la brise,
Harmonistes du genre humain ;
Peuple d'en haut, joyeux mystère,
Donnez votre exemple à la terre,
Vous qui suivez la même loi,
Vous qui chantez le même roi !

Quand vos délirantes roulades
Font sourire un morne empereur,
Vous versez les mêmes aubades
Dans l'oreille du laboureur.
Peuple d'en haut, joyeux mystère,
Donnez votre exemple à la terre,
Vous qui suivez la même loi,
Vous qui chantez le même roi !

Exempts de nos durs anathèmes,
Vous vous épousez dans les airs,
Et multipliant vos baptêmes
Vous peuplez gaîment l'univers !
Peuple d'en haut, joyeux mystère,
Donnez votre exemple à la terre,
Vous qui suivez la même loi,
Vous qui chantez le même roi !

Sans clefs, sans portes, sans ferrailles,
Sans rideau, pour y voir plus clair,
Vos loyers pendent aux murailles
Que l'homme fait payer si cher !
Peuple d'en haut, joyeux mystère,
Donnez votre exemple à la terre ;
Vous qui suivez la même loi,
Vous qui chantez le même roi !

Jamais un triste plan de guerre
N'a rassemblé votre conseil,
Et vous ne vous attroupez guère
Que pour saluer le soleil.
Peuple d'en haut, joyeux mystère,
Donnez votre exemple à la terre,
Vous qui suivez la même loi,
Vous qui chantez le même roi !

Levés avec l'aube levée,
Montant vers Dieu dans sa lueur,
Au voisin de votre couvée
Vous n'allez pas chanter malheur !
Peuple d'en haut, joyeux mystère,
Donnez votre exemple à la terre.
Vous qui suivez la même loi,
Vous qui chantez le même roi !

Dans vos luttes d'amour sans larmes,
Musiciens toujours d'accord,
Vous rendez seulement les armes
À qui chantera le plus fort !
Peuple d'en haut, joyeux mystère,
Donnez votre exemple à la terre,
Vous qui suivez la même loi,
Vous qui chantez le même roi !

Si vos nids dans nos paysages
Sont menacés par les chasseurs,
Vous allez loger aux nuages,
Plus libres que vos oppresseurs !
Peuple d'en haut, joyeux mystère,

Donnez votre exemple à la terre,
Vous qui suivez la même loi,
Vous qui chantez le même roi !

D'une divine sépulture
Honorant vos frêles débris,
Orchestre ailé de la nature,
Les cieux vous servent-ils d'abris ?
Peuple d'en haut, joyeux mystère,
Donnez votre exemple à la terre,
Vous qui suivez la même loi,
Vous qui chantez le même roi !

Car jamais on n'a vu la trace
De vos corps tombés dans les bois,
Où vous ne laissez que la grâce
D'un écho rempli de vos voix.
Peuple d'en haut, joyeux mystère,
Donnez votre exemple à la terre.
Vous qui suivez la même loi,
Vous qui chantez le même roi !

Ah ! je sens que je fus colombe.
En voyant vos ailes s'ouvrir ;
Et pour vous suivre par la tombe,
J'ai déjà moins peur de mourir.
Peuple d'en haut, joyeux mystère,
Donnez votre exemple à la terre,
Vous qui suivez la même loi,
Vous qui chantez le même roi !

Prière

envoyée au Mont Carmel pour les
prisonniers du Mont St-Michel.
1843.

Si porteuse d'ailes
Je pouvais monter
Où les hirondelles
Volent s'abriter ;
Si l'ardent cantique
Sorti de mon cœur,
Du Carmel antique
Allait au Seigneur :

Je n'y porterais pas une superbe aumône.
Je n'ai rien. Mais plus près de ce roi qui pardonne,
Je laisserais tomber les larmes de mes yeux
Pour qu'il ouvre un Carmel à de chers malheureux.

Si porteuse d'ailes
Je pouvais monter
Où les hirondelles
Volent s'abriter :

Sur les pieds du Seigneur je répandrais mon âme
Il n'a repoussé, lui, ni l'enfant, ni la femme ;
Et je lui montrerais n'ayant rameaux ni fleurs,
Du sombre Saint-Michel les stagnantes douleurs.

Si porteuse d'ailes
Je pouvais monter
Où les hirondelles
Volent s'abriter :

Des sinistres hauteurs de ce cloître rigide
Où la loi va suspendre un sursis homicide,
Épiant les cris sourds qui ne s'entendent pas,
J'en remplirais mon cœur pour les crier là-bas !

Si porteuse d'ailes
Je pouvais monter
Où les hirondelles
Volent s'abriter :

Des mères sans repos veuves de jeunes vies
À leurs chers désespoirs saintement asservies,
J'élèverais si haut les placets repoussés
Que j'obtiendrais l'oubli des orages passés.

Si porteuse d'ailes
Je pouvais monter
Où les hirondelles
Volent s'abriter :

J'irais, pour réchauffer ces cellules affreuses
Où s'éteignent sans jour tant d'âmes malheureuses,
J'irais, dans un amour à nul autre pareil,
Porter, même au coupable, un baiser du soleil !

Si porteuse d'ailes
Je pouvais monter
Où les hirondelles
Volent s'abriter :

Frère, à qui je confie une clameur timide,
Vous qui montez toujours, charitable intrépide,
Pèlerin tout chargé des trésors de la foi,
Pour relever ses murs vous n'iriez pas sans moi.

Si porteuse d'ailes
Je pouvais monter
Où les hirondelles
Montent s'abriter.

Allez donc prier Dieu de secouer la terre
Afin d'en rejeter cette bastille austère.
Oh ! comme il ouvrirait ses cachots étouffants !
Oh ! qu'il rendrait d'air pur à ses pâles enfants !

Si porteuse d'ailes
Je pouvais monter
Où les hirondelles
Montent s'abriter ;
Si l'ardent cantique
Sorti de mon cœur
Du Carmel antique
Allait au Seigneur !

On dit que le frère Charles d'Ognissanti, chargé de quêter pour l'achèvement du monastère hospitalier du Mont Carmel, vient d'être assassiné dans la montagne en reportant les aumônes qu'il avait recueillies avec tant de fatigues.

Le vrai chrétien est monté bien plus haut qu'au but de sa mission terrestre. Il est rentré bien jeune dans la divine patrie, l'âme encore émue des voix qui s'étaient réunies à Paris dans un concert sacré pour aider à l'œuvre de dévouement et de charité des solitaires de la Palestine.

Le banni

Les toits étaient dorés par le couchant ;
D'heureux enfants jouaient dans la poussière,
Et d'une église où tintait la prière,
La brise, au loin, portait le dernier chant.

Sur le chemin à tous libre et splendide,
Un homme seul errait triste et livide :
Cet homme étrange avait peine à courir,
Et peine à vivre… et peut-être à mourir.
Son œil voilé jetait un feu farouche ;
D'ardents soupirs par force ouvraient sa bouche ;
Quelqu'un, l'osant, eût crié : « Qu'avez-vous ? »
Mais il craignait la charité de tous.
De tous… oh ! non, peu regardaient cette âme
Passer traînant son orageuse flamme,
Comme voulant entre le sol et l'air
Glisser furtive et pareille à l'éclair.
La terre est longue à toute âme exilée,
Fuyant son nom de vallée en vallée.

Rien sur son corps ne tient que par lambeaux ;
S'il va s'asseoir c'est auprès des tombeaux.
Qu'a-t-il donc fait ? Qu'en a-t-on su ?… Qu'importe !…
Son dur pays qui lui ferme la porte
Le sait-il mieux ? Le plus sûr aujourd'hui,
C'est de prier pour son juge et pour lui.
Dieu les attend et tous les deux sont frères,
Dieu tient la clé de terribles mystères.
Sa loi n'est pas l'éternelle rigueur :
Dieu fit l'amour, l'homme en a fait l'erreur.

Ayant franchi le carrefour qui crie,
Une humble voix a dit : « Je vous en prie !
« Faites l'aumône à mon destin voilé,
« Et dans vos maux vous serez consolé.
« Vous verrez l'heure à sa douce lumière :
« De toute joie, hélas ! c'est la première !
« Voyez ! voyez ! et que Dieu sur vos pas
« Sème les biens que nous ne voyons pas ! »

Et l'homme étrange a tressailli dans l'ombre ;
Et l'eau divine a mouillé son œil sombre,
Cette eau du cœur qui lave le remords
Comme une pluie a relevé son corps.

Il a donné ! Ce pauvre a fait l'aumône ;
Et l'autre pauvre a béni qui lui donne ;
Et le voyant, au son de cette voix,
A cru rentrer dans son libre autrefois.
Tout parcouru par cette voix bénie
Il jurerait que sa peine est finie.
Pour une larme, hélas ! pour un grain d'or,
Dieu permet donc qu'on le salue encor !

« La voix, dit-il, parle comme ma mère !
Elle a rompu pour moi la mort amère,
Et remué comme un petit enfant
Le vieux banni dans l'exil étouffant.
Merci ma mère ! » Et le banni se couche
Sous le nom pur qui rassainit sa bouche.

Ô vieille mère ! aumône de l'amour !
Voilà ton fils doux comme au premier jour !

Fragment

Quand les anges entre eux se parlent de la terre,
Le dernier qui l'a vue ébruite avec mystère
Quelque secret d'enfant pris dans cet humble lieu,
Qu'il cache sous son aile et qu'il rapporte à Dieu.

Nos mères les ont vus durant les nuits brûlantes
Semant sur leur chemin les étoiles filantes,
Ces éclairs sans orage aux glissantes blancheurs
Répandus sous les pas des anges voyageurs.

L'un deux, qui remontait souriant et plein d'aise,
Tandis qu'un cercle aimé le salue et le baise,
Dégageant ses beaux pieds de leurs sandales d'or,
Ouvre ainsi tout son cœur qui palpitait encor :

« J'arrive de la terre où la nuit est bien noire ;
L'homme en a presque peur ; c'est à ne pas le croire !
Les cœurs sont si cachés dans ces étroits séjours
Que même en se parlant on s'ignore toujours ;
Et, sinon les instants où d'indicibles flammes
Révèlent par les yeux la présence des âmes,
Dans l'ombre se cherchant, mais étrangers entre eux,
Vous n'imaginez pas comme ils sont malheureux.
Les plumes dans le vent flottent moins ballottées
Que ces ombres en bas dans le doute emportées.
Qu'est-ce donc qu'une vie attachée à des corps
Dont un faible roseau peut rompre les ressorts !
Dieu qui les veut mortels a marqué leur visage,
Même les plus charmants, d'un douloureux présage ;
Mais distraits par des jeux vides et décevants
Ils deviennent vieillards sans cesser d'être enfants.
Jaloux de nos clartés qu'ils ne peuvent atteindre,
Allumant de grands feux, toujours prêts à s'éteindre,
Pour éclairer leurs jours et leur destin voilé,
Ils n'ont qu'un seul soleil et qu'un ciel étoilé !
Puis noyant leurs soucis dans des flots de paroles,
Dans un rire insensé, dans des colères folles,
Ces aveugles épars, pleins d'horreur pour la mort,
En la fuyant partout la donnent sans remord.

« C'est triste !… » C'est la terre. Et pourtant, mille charmes
Nous attirent sans cesse à ce pays des larmes.
On dirait que poussés d'un profond souvenir
Nous allons les guider au céleste avenir.
Et j'allais… Et pareils à des oiseaux nocturnes,
Ces pensers me guidaient tendres et taciturnes,
Vers le toit d'un palais où j'entendais gémir
Un enfant, roi futur, qui ne pouvait dormir.

« Qu'as-tu, petit chrétien roulé dans tes dentelles ?
Fines comme le vent, en quoi te blessent-elles ?
Dis, petit roi pleureur, dis tout ce que tu veux,
Et vers le roi des rois je porterai tes vœux. »

Collection « Les classiques de la poésie française » :

1 - Le spleen de Paris suivi de Mon cœur mis à nu – Charles Baudelaire

2 - Les Fleurs du mal – Charles Baudelaire

3 - Les Contemplations Livre I - VI – Victor Hugo

4 - Alcools suivi de Le Bestiaire ou Cortège d'Orphée – Guillaume Apollinaire

5 - Recueil de poésies – Théophile Gautier

6 - Méditations poétiques et Nouvelles méditations poétiques – Alphonse de Lamartine

7 - Des vers et autres poèmes – Guy de Maupassant

8 - Poésies suivi de Les Illuminations – Arthur Rimbaud

9 - Premiers vers, Poèmes Saturniens, Fêtes galantes, Dédicaces – Paul Verlaine

10 - Recueil de vers et de prose – Stéphane Mallarmé

11 - Recueil de poésies – François Coppée

12 - Poésies nouvelles – Alfred de Musset

13 - Recueil de poèmes – Gérard de Nerval

14 - Stances & Poèmes – Sully Prudhomme

15 - Les tableaux de voyage, Les chimères, Le livre de l'amie, L'idole, Les souvenirs, L'adieu – Albert Mérat

16 - Poèmes barbares – Charles Leconte de Lisle

17 - Poèmes antiques – Charles Leconte de Lisle

18 - Poésies – Marceline Desbordes-Valmore

19 - Poésies – François de Malherbe

20 - Les Amours – Pierre de Ronsard